교과서 수학으로 배우는 인공지능

수학아, 인공지능을 알려 줘!

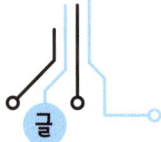

박만구 교수님
- University of Georgia 박사
- 서울교육대학교 수학교육과 교수
- 서울교육대학원 인공지능과학융합전공 교수
- 서울교육대학교 수학교육 연구소장
- 한국수학교육학회 회장 역임
- 한국초등수학교육학회 회장(2023.3.1. ~)
- 2009, 2015 개정 국정 초등수학교과서 연구진 및 학년 대표 집필

김영현 선생님
- 서울교육대학원 영재교육전공 석사
- 현(現) 초등학교 교사
- 서울특별시교육청 영재교육원 수과융합 영재 강사
- 한국과학창의재단 AI교육, STEAM 연구회 연구진

최현정 선생님
- 서울교육대학원 인공지능과학융합전공 석사
- 현(現) 초등학교 교사
- 남양주 정보화교육 활성화 지원단

정현웅 선생님
- 서울교육대학원 인공지능과학융합전공 재학
- 현(現) 초등학교 교사
- SW교육선도학교, AI교육선도학교 운영
- 서울특별시교육청·강서양천교육지원청 AI교육선도교사단
- 서울초등ICT교육연구회, 서울인공지능연구회, AI융합교육연구회 연구진

박성식 선생님
- 서울교육대학원 인공지능과학융합전공 석사
- 현(現) 초등학교 교사
- SW교육선도학교, AI교육선도학교 운영
- 경기SW·AI교육지원센터 교원 운영지원단
- 한국과학창의재단 AI교육, STEAM 연구회 연구진
- 경기도 인공지능 기반 교육연구회 연구진

수학아, 인공지능을 알려 줘!

교과서 수학으로 배우는 인공지능

박만구
김영현
최현정
정현웅
박성식

2

권장 학년 초등 1~2학년

주니어김영사

머리말

책을 펴내며

인공지능은 요즈음 세상의 변화를 이끌어 가는 핵심적인 기술입니다. 오늘날 세상은 이전과 다르게 매우 빠른 속도로 변하고 있습니다. 이제 인공지능은 우리 생활의 거의 모든 부분에서 활용되고 있습니다. 이미 스스로 운행하는 자율 주행차가 거리를 돌아다니고, 인공지능 스피커에게 "조용한 음악 들려줘!" 하고 말하면 조용한 음악을 들려줍니다. 이것이 가능한 것은 인공지능이 많은 데이터를 분석하여 가장 적절한 답을 하기 때문입니다.

그런데 어떻게 인공지능이 이런 일을 할 수 있는지 생각해 본 적 있나요?

"인공지능은 어려운 것이니까 수학자나 공학자에게나 필요하지 나와는 관계없어. 인공지능 제품을 잘 활용하기만 하면 되지."라고 생각할 수도 있을 거예요. 자동차가 움직이는 원리를 몰라도 운전은 할 수 있으니까요. 하지만 운전 중에 차가 갑자기 멈춰 섰다고 생각해 보세요. 자동차가 움직이는 원리를 알고 있다면 간단한 응급 처치로 해결할 수 있는 문제 상황에서는 차를 고쳐 다시 운전할 수 있을 거예요. 그런데 단지 운전만 할 수 있지 자동차가 움직이는 원리를 모른다면 간단한 응급 처치도 할 수 없을 것입니다. 인공지능의 원리를 전혀 모르고 인공지능을 사용하는 것은 마치 자동차가 어떻게 움직이는지 그 원리를 전혀 모른 체 운전하는 것과 같습니다.

앞으로 우리가 살아갈 시대는 '인공지능을 잘 활용하는 사람과 인공지능을 잘 활용하지 못하는 사람'으로 나누어질 것입니다. 인공지능이 어떻게 작동되는지 알고 그 기술을 잘 활용하는 사람은 그렇지 못한 사람보다 삶을 더 편리하고 여유롭게 살아갈 수 있게 될 것입니다. 그래서 앞으로 어떤 직업을 가지고 살아가든 인공지능의 원리를 아는 것은 중요합니다.

이미 영국을 비롯한 대부분의 선진국에서는 유치원이나 초등학교 때부터 많은 시간을 할애하여 인공지능 교육을 하고 있습니다. 우리나라도 2025년부터는 초중고등학교에서 지금보다 더 많은 시간 동안 인공지능 교육을 할 계획입니다.

인공지능의 작동 원리는 수학입니다. 아주 많은 데이터를 처리할 때 컴퓨터를 사용하여 인공지능이 처리하도록 합니다. 이때 인공지능은 데이터를 분석하고 그 특징을 찾아내는 데 수학을 이용합니다. 수학은 인공지능을 작동하게 하는 기계의 엔진과 같습니다.

그래서 인공지능이 어떻게 작동하는지 알려면 수학을 연계하여 이해할 필요가 있습니다.

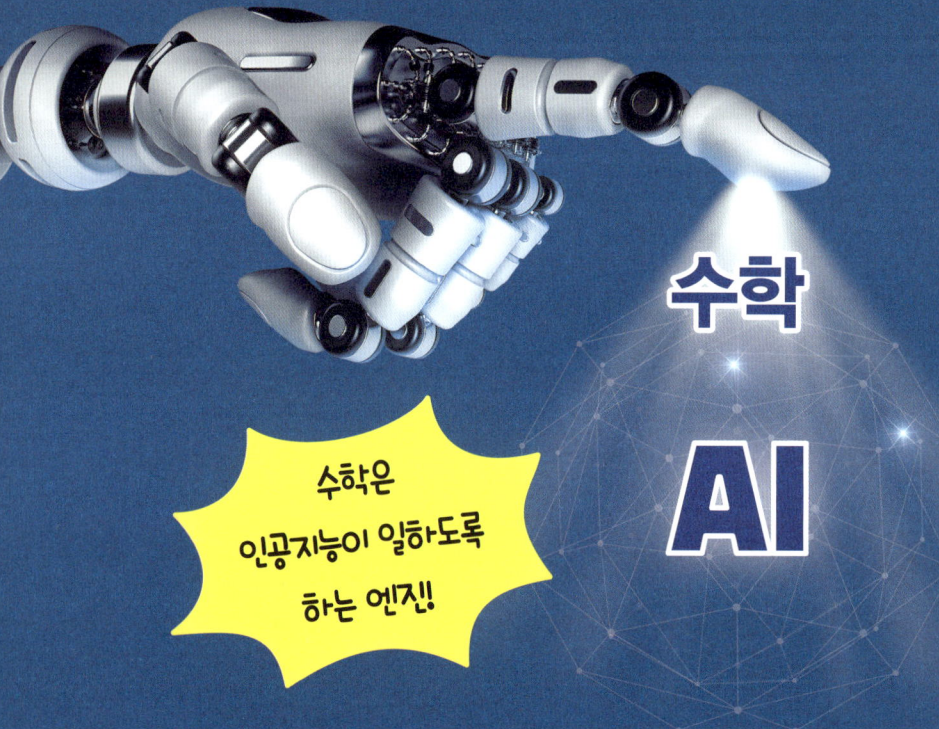

수학은 인공지능이 일하도록 하는 엔진!

이 책은 '유치원이나 초등학교 수준의 아이들이 인공지능의 원리를 수학과 연계하여 쉽고 재미있게 이해하도록 도와주는 책은 왜 없을까?' 하는 생각에서 시작되었습니다. 실제로 인공지능에 적용되는 수학은 대부분 중학교 이상의 어려운 수준의 수학 내용입니다. 그래서인지 인공지능의 원리를 설명하는 책은 꾸준히 출간되고 있지만 대부분 고등학생 이상을 독자로 하는 책이라 그 내용이 쉽지 않습니다.

이 책은 복잡하고 어려운 수학의 기초가 되는 초등 수학의 교과서 내용을 그대로 적용하여 유치원이나 초등학교 수준의 아이들도 인공지능의 원리를 쉽게 이해할 수 있도록 하였습니다.

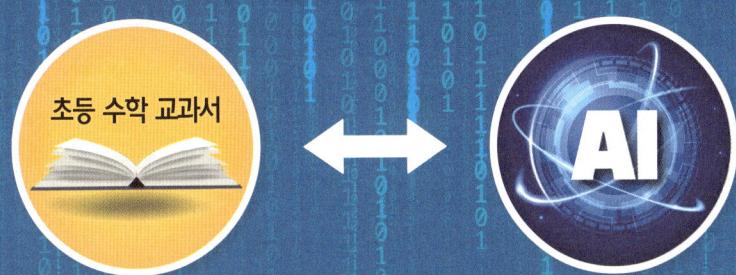

　이 책을 통하여 아이들이 수학의 필요성을 느끼며 수학 공부를 하고, 인공지능의 원리를 이해하여 장차 인공지능을 잘 활용할 수 있기를 바랍니다. 또한 다가오는 미래 사회에서 인공지능을 활용하면서 삶을 보다 편리하고 행복하게 살 수 있기를 바랍니다.

수학이, 그리고 인공지능이 아이들에게 보다 쉽고 편하게 다가가기를 바라며

저자 일동

구성과 특징

수학으로
인공지능의 원리를 이해해요!

교과서 속에 숨은
인공지능의 원리를 알려 줘요!

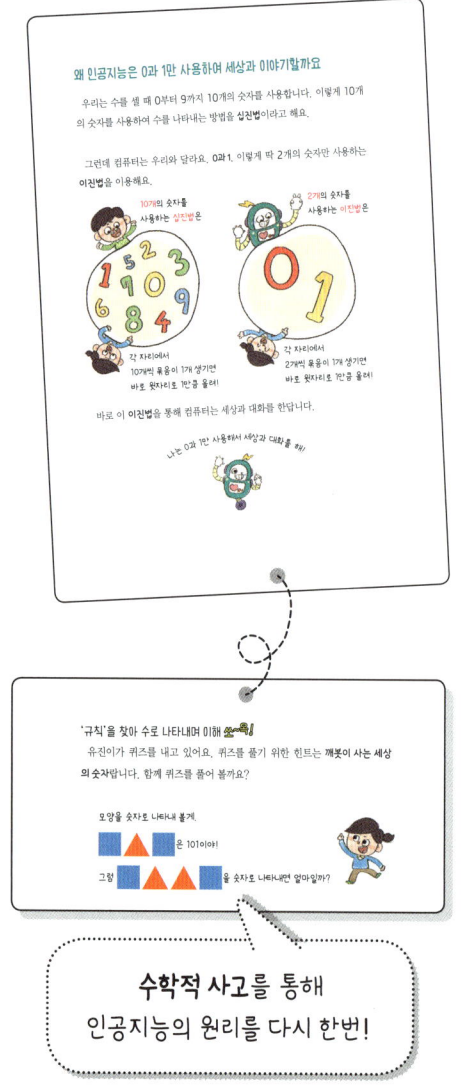

> 수학적 사고를 통해
> 인공지능의 원리를 다시 한번!

> 수학에 대한 **흥미**도 쑥~
> 인공지능에 대한 **이해**도 쑥~

3

학습한 **인공지능의 원리**를 다양하게 **체험**할 수 있어요.

함께할 인공지능 로봇과 친구들이에요

인공지능을 직접 체험할 수 있는 **플랫폼** 소개

관련 지식을 쌓을 수 있는 **다양한 읽을거리** 제공

깨봇

짱봇

유진

하준

재희

가인

 차례

 **인공지능, 어디까지 알고 있나요** · 12

 **1 인공지능은 어떻게 세상과 대화할까요** · 18

0과 1

#초등 수학 #1학년 #50까지의 수 / 시계 보기와 규칙 찾기

 **2 인공지능은 그림을 어떻게 표현할까요** · 36

그림 저장 방법

#초등 수학 #2학년 #규칙 찾기

 **3 이렇게 저렇게 나누어 봐요** · 56

의사결정나무

#초등 수학 #1학년 #여러 가지 모양
#2학년 #여러 가지 도형 / 분류하기

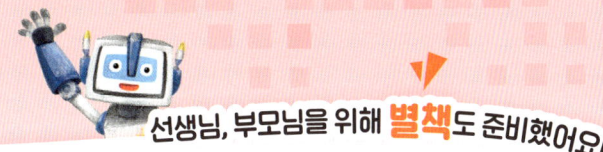

인공지능은 내가 원하는 걸 알아요 • 78

추천 알고리즘

#초등 수학 #1학년 #여러 가지 모양

인공지능은 어떻게 학습할까요 • 96

지도 학습과 비지도 학습

#초등 수학 #2학년 #여러 가지 도형 / 분류하기

차례차례 순서를 정해요 • 116

정렬

#초등 수학 #1학년 #비교하기 / 100까지의 수

인공지능은 빠르게 찾을 수 있어요 • 140

이진 탐색

#초등 수학 #1학년 #100까지의 수

인공지능, 어디까지 알고 있나요

 기계가 사람처럼 생각하거나 학습할 수 있을까?

이런 의문에서 시작하여 연구하기 시작한 것이 바로 인공지능이에요. 사람처럼 생각하고 행동하는 기계를 만들려는 연구를 계속하면서 컴퓨터가 세계 체스나 바둑 챔피언을 이길 수 있는 지금에 이르렀답니다.

인공지능은 과연 무엇일까요?

인공지능(Artificial Intelligence, AI)이란, 상황을 스스로 판단하고 학습할 수 있는 등의 인간의 지적인 능력을 컴퓨터에서 구현하는 다양한 기술이나 소프트웨어를 말해요.

쉽게 말하면, 인공지능은 컴퓨터가 인간의 지능을 모방해서 우리 인간처럼 생각하고 판단할 수 있도록 하는 첨단 기술이지요.

인공지능이라는 말은 1956년 미국 다트머스 회의에서부터 사용하기 시작했어요. 수학자이자 컴퓨터 과학자인 존 매카시(John McCarthy)가 지능이 있는 기계를 만드는 과학 기술로 '인공지능'이라

는 용어를 사용하였지요. 이 회의에서 **지능을 가진 기계**가 무엇인지 정의하면서 **인공지능**이라는 용어가 널리 퍼지게 되었어요. 여기서 인공지능은 **기계가 지식을 가지고 스스로 학습하고 행동할 수 있어야 한다**라고 약속하였어요.

▲ 1956년 다트머스 회의의 모습

▼ 인공지능의 아버지라 불리는 '존 매카시(1927-2011)'

인공지능은 우리 생활 속에서 어떻게 활용되고 있을까요?

알파고(AlphaGo)

구글 딥마인드가 개발한 인공지능 바둑 프로그램이에요. 알파고는 사람보다 효과적으로 바둑의 다양한 수를 계산하고 판단할 수 있지요. 2016년 세계 최고의 바둑 기사인 이세돌 9단과의 경기에서 4승 1패라는 결과를 얻어 전 세계를 놀라게 했어요.

왓슨(Watson)

IBM의 왓슨은 인간의 언어를 이해하고 판단하는 데 최적화된 인공지능 슈퍼컴퓨터예요. 왓슨은 2011년 미국 유명 퀴즈 쇼에 참가해 전설적인 퀴즈의 달인들을 물리치고 우승을 차지했답니다. 왓

슨은 복잡하고 엄청난 양의 인간의 언어를 이해하고 분석할 만큼 뛰어났다고 해요.

인공지능 스피커

스피커에 인공지능 기술을 더한 스피커예요. 음악 감상, 소리 출력 외에도 사람의 음성을 인식하고, 뉴스나 날씨 정보를 알려 주기도 하며, 우리의 비서 역할도 척척 해 내요. 다른 가전제품과 연결해서 사람이 가전제품에 명령할 수 있도록 하는 사물 인터넷(IoT)을 만드는 데 에도 중요한 역할을 한답니다.

자율 주행차

자율 주행차는 사람이 운전하지 않아도 스스로 움직이는 자동차를 말해요. 자동차가 스스로 움직이기 위해서는 다양한 기술이 필요해요. 특히, 주변 사물을 인식할 수 있는 센서가 중요해요. 센서는 자동차 주변의 환경을 인식하고 이미지를 분석해서 자동차가 안전하게 갈 수 있도록 도와줍니다. 자율 주행차는 기본 적으로 차선과 도로, 장애물을 인식하고, 여러 표지판의 의미를 이 해하여 갑작스런 돌발 상황도 대처할 수 있지요.

추천 시스템

유튜브에서 영상을 보다가 방금 내가 본 영상과 비슷한 영상을 추천해 주는 경험을 겪은 적이 있나 요? 이것도 인공지능이 적용된 사례입니다. 추천

시스템은 인공지능 알고리즘을 활용하여 특정 사용자가 관심을 가질 만한 정보(영화, 음악, 책, 뉴스, 이미지, 웹 페이지 등)를 추천해 주는 기술이에요. 이 기술은 인터넷 쇼핑몰에서 사용자가 자주 검색한 것을 토대로 다른 상품을 추천할 때도 적용된답니다.

인공지능 기술은 어떻게 만들 수 있는 것일까요?

　인공지능을 만들 수 있는 대표적인 방법은 **기계 학습(machine learning)**과 **딥 러닝(deep learning)**이 있어요.

　기계 학습은 기계가 학습한다는 의미예요. 우리가 무언가를 새로 배울 때 학습의 과정을 거치는 것처럼, 기계도 학습을 통해서 인공지능으로 거듭나는 것이지요. 학습에 필요한 데이터를 정리해서 주면 컴퓨터가 스스로 학습한 후에 패턴과 규칙성을 찾아 결과를 예측할 수 있어요.

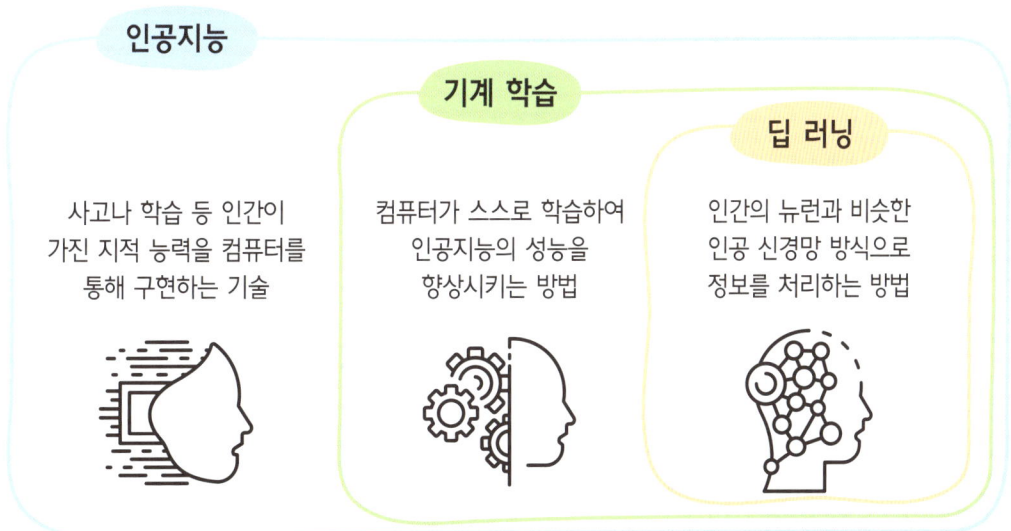

기계 학습의 방법으로는 정답을 모두 알려 주는 **지도 학습**, 인공지능이 스스로 규칙을 찾도록 하는 **비지도 학습**, 보상을 주면서 가르쳐 주는 **강화 학습** 등이 있어요. 기계 학습을 작동하게 하는 알고리즘으로 지도 학습에는 **의사결정나무**가 있어요.

딥 러닝은 인간의 뇌 신경망을 모방한 인공 신경망을 기반으로 하는 인공지능 기술이에요. 사람이 생각하는 과정을 그대로 재현해서 학습할 데이터를 주면 스스로 찾아 학습하는 방법이지요.

인공지능에게 데이터는 매우 중요해요. 데이터를 통해 인공지능이 학습해서 판단하게 되니까요. 인공지능은 데이터를 저장하기 위해 **0과 1**만 사용합니다. 0과 1을 사용하는 이진법으로 모든 정보를 받아들이고 저장하죠. **그림 저장 방법**도 마찬가지랍니다.

그리고 주변의 수많은 데이터를 잘 활용하기 위해 차례대로 **정렬**하기도 하고, **이진 탐색**과 같은 방법으로 살펴보기도 한답니다.

> **그래서 이렇게 준비했어요**
> **1** 0과 1
> **2** 그림 저장 방법
> **3** 의사결정나무
> **4** 추천 알고리즘
> **5** 지도 학습과 비지도 학습
> **6** 정렬
> **7** 이진 탐색

점점 인공지능을 만드는 방법과 그 원리가 궁금해지지 않나요? 여러분이 학교에서 배우는 수학을 이용한다면 쉽고 재미있게 알 수 있답니다! 왜냐하면 인공지능 속에는 우리가 학교에서 배우는 수학의 원리가 숨어 있기 때문이에요.

지금부터 수학으로 인공지능의 비밀을 함께 파헤쳐 볼까요?

인공지능은 어떻게 세상과 대화할까요

0과 1

- 수로 이해해요 `1 학년` 50까지의 수
- 규칙성으로 이해해요 `1 학년` 시계 보기와 규칙 찾기

0과 1

유진이와 깨봇이 0부터 차례로 수를 세고 있어요. 그런데 뭔가 이상해 보여요. 둘이 어떻게 수를 세고 있는지 함께 살펴봐요.

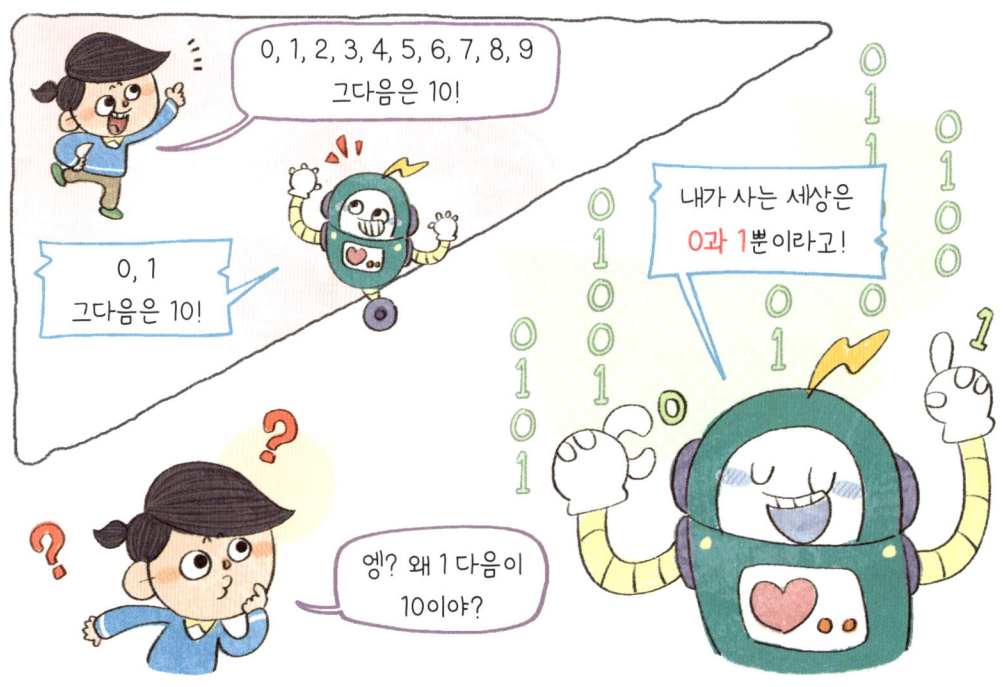

깨봇은 1 다음의 수를 10이라고 했어요. 깨봇이 수를 셀 줄 몰라서 이렇게 이야기했을까요?

그런 거 아닐까요?

그건 아니랍니다. **컴퓨터의 세상에는 0과 1만 있어요.**

컴퓨터는 0과 1을 사용해서 세상과 대화를 해요. 세상에 있는 글자와 숫자, 그림, 음악 등의 모든 정보를 숫자로 바꿔서 받아들이고 기억하죠.

인공지능은 사람처럼 생각할 수 있는 컴퓨터예요. 그래서 인공지능도 0과 1만 사용해서 세상과 대화를 한답니다.

생각해 봐요!

★ 인공지능은 왜 0과 1만 사용할까요?
★ 인공지능은 0과 1로 세상과 어떻게 이야기할까요?

왜 인공지능은 0과 1만 사용하여 세상과 이야기할까요

우리는 수를 셀 때 0부터 9까지 10개의 숫자를 사용합니다. 이렇게 10개의 숫자를 사용하여 수를 나타내는 방법을 **십진법**이라고 해요.

그런데 컴퓨터는 우리와 달라요. 0과 1, 이렇게 딱 2개의 숫자만 사용하는 **이진법**을 이용해요.

바로 이 **이진법**을 통해 컴퓨터는 세상과 대화를 한답니다.

그런데 왜 컴퓨터는 이진법을 이용할까요?

혹시 컴퓨터 안을 살펴본 적이 있나요? 컴퓨터 안은 많은 선 때문에 복잡해 보이지만 컴퓨터가 하는 모든 동작은 전기가 흐를 때와 흐르지 않을 때! 이렇게 2가지 신호로만 움직입니다.

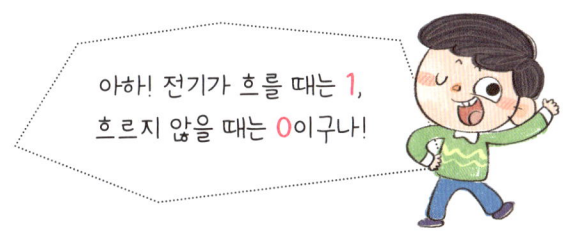

2가지 신호를 숫자로 표현한다면 필요한 숫자는 2개면 충분해요. 그래서 컴퓨터는 0과 1만 사용한답니다.

쉽게 생각해서 불이 켜지면 1, 꺼지면 0으로 이해하면 돼요.

자, 그럼 컴퓨터가 왜 0과 1만 사용하는지는 알았어요. 그렇다면 컴퓨터에 아주 짧은 시간 동안 다음과 같이 신호를 보냈다면 컴퓨터는 어떻게 받아들일까요?

여기서 잠깐! 컴퓨터가 10이라고 받아들인 수는 우리가 생각하는 10과 같은 수일까요?

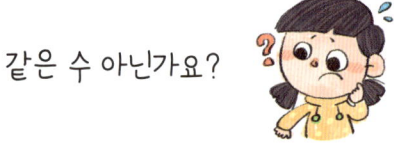

그렇지 않아요. 이게 도대체 무슨 소리인지 이해가 잘되지 않죠? 접시에

놓인 사탕의 수를 재희와 깨봇이 어떻게 나타내는지 살펴보면서 왜 그런지 생각해 봐요.

깨봇은 1 다음의 수로 10을 말했어요. 왜냐하면 깨봇은 0과 1만 쓸 수 있으니까요.

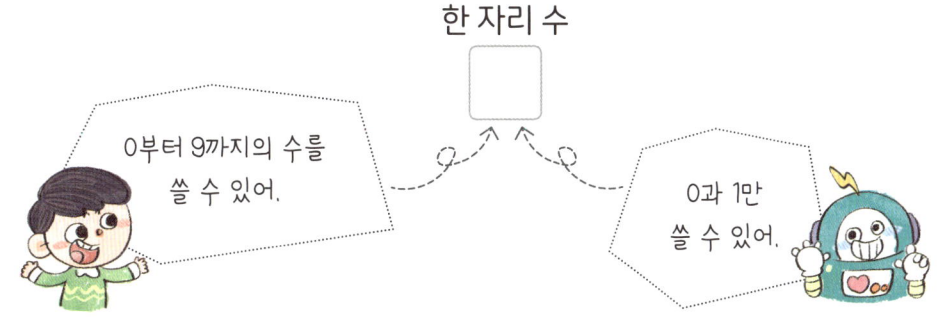

우리는 0부터 9까지 수를 세고 나면 다음에 올 수를 10이라고 하죠? 컴퓨터는 0과 1만 사용하니까 우리가 사용하는 2를 10이라고 답해요.

이런 방법으로 우리가 사용하는 0부터 9까지의 수를 컴퓨터가 사용하는 수로 나타내면 다음과 같습니다.

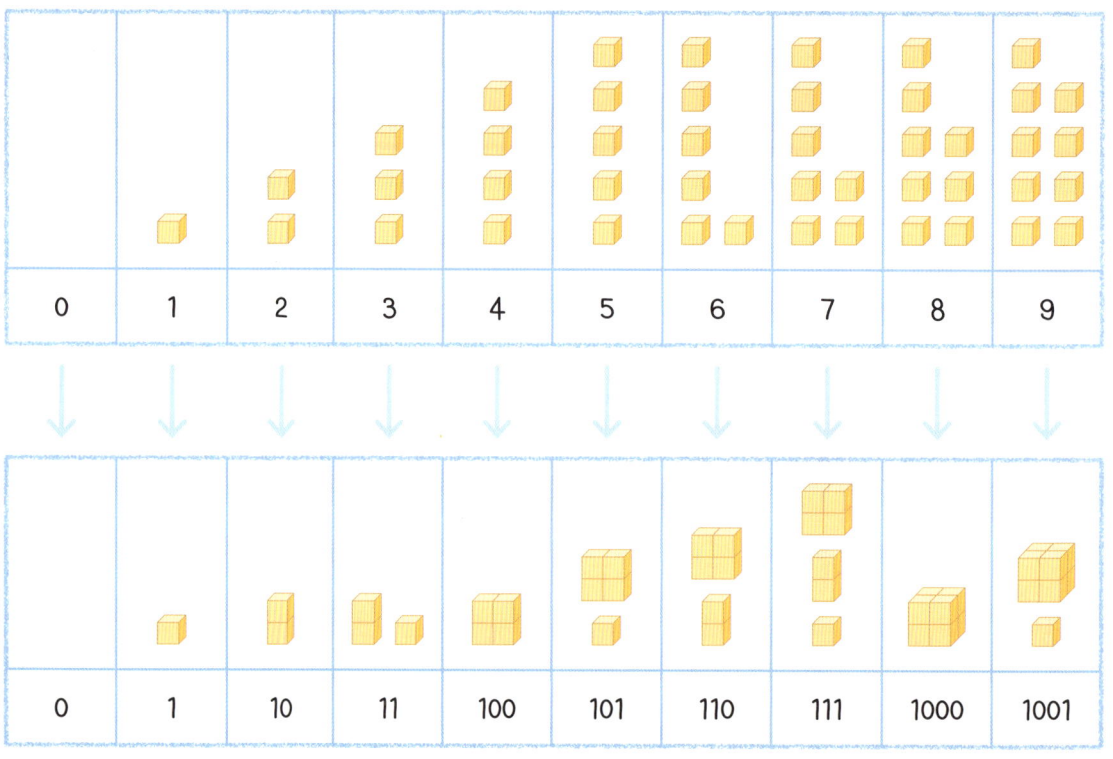

'규칙'을 찾아 수로 나타내며 이해 쏙~옥!

유진이가 퀴즈를 내고 있어요. 퀴즈를 풀기 위한 힌트는 **깨봇이 사는 세상의 숫자**랍니다. 함께 퀴즈를 풀어 볼까요?

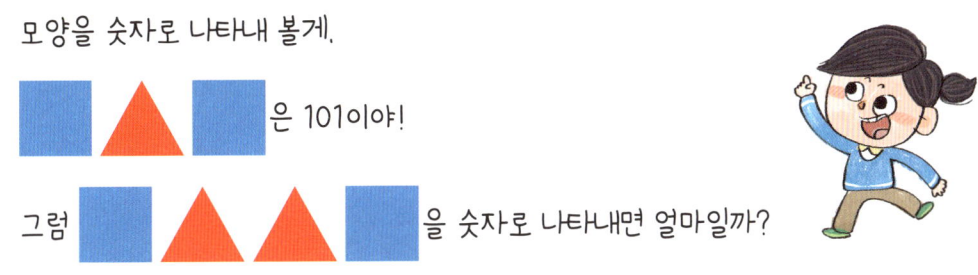

유진이가 ■과 ▲을 각각 어떤 숫자로 나타냈나요?

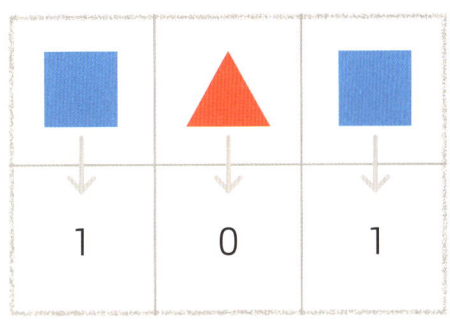

유진이는 ■은 1, ▲은 0으로 나타냈네요. 그렇다면?

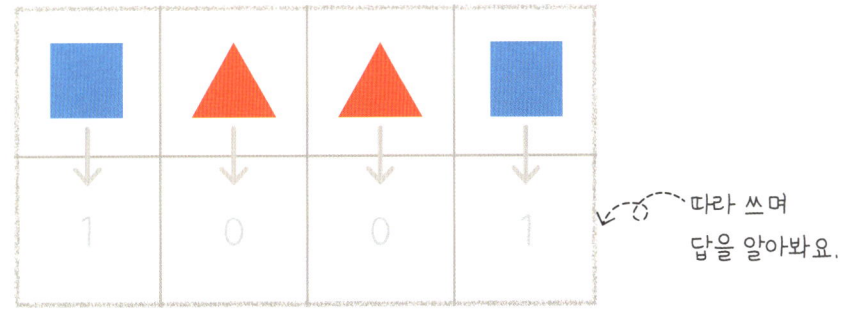

따라 쓰며 답을 알아봐요.

이번에는 재희가 퀴즈를 내고 있어요. 재희가 낸 퀴즈도 함께 풀어 봐요.

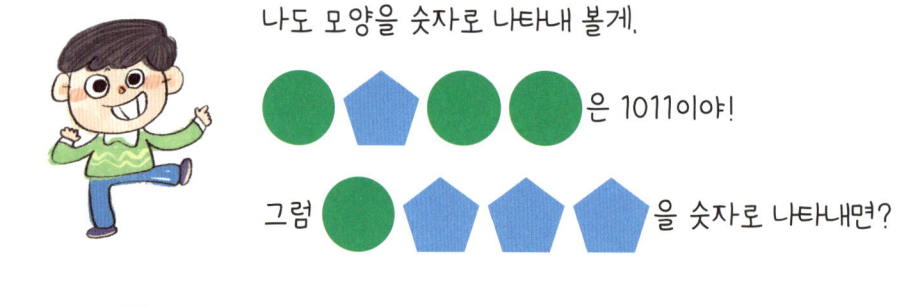

재희가 🟢과 🔵을 각각 어떤 숫자로 나타냈는지 알아볼게요.

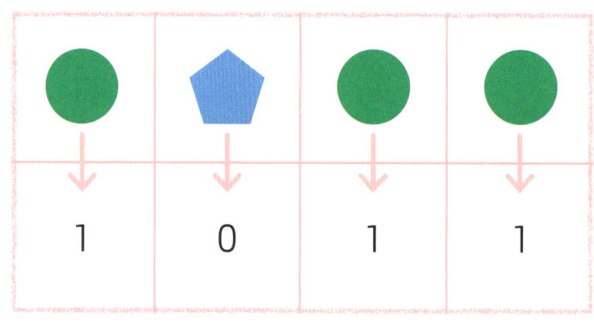

재희는 🟢은 1, 🔵은 0으로 나타냈어요. 그렇다면?

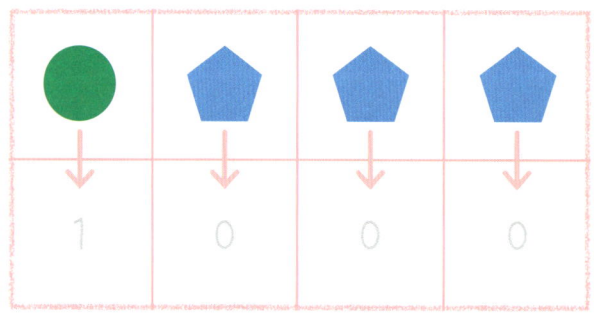

재희의 규칙으로 깨봇이 재희에게 말하고 있네요. 깨봇이 말한 숫자를 보고 모양으로 나타낼 수 있나요?

나는 은 1, 은 0으로 나타냈지.

10101!
너가 정한 규칙으로 말한 거야!
이 숫자를 보고 모양으로 나타낼 수 있어?

1은 , 0은 으로 나타내면 되니까 10101을 모양으로 나타내면?

붙임 딱지 **1**

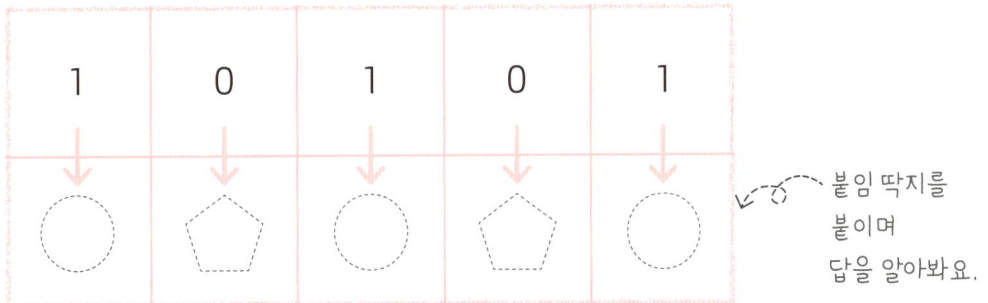

붙임 딱지를 붙이며 답을 알아봐요.

인공지능! 이렇게 생각하면 쉬워요.

인공지능은 0과 1만 사용하는구나!

0과 1로 숫자나 모양을 표현할 수 있어! 물론 다른 것도~

1 [1학년] 시계 보기와 규칙 찾기

규칙에 따라 빈칸에 알맞은 수를 써넣으세요.

✊	☝	✊	☝	✊	☝	✊	☝
0	1	0	1				

2 [1학년] 시계 보기와 규칙 찾기

규칙에 따라 빈칸에 알맞은 수를 써넣으세요.

🎩	⚪	⚪	🎩	⚪	⚪	🎩	⚪	⚪
1	0	0						

30

교과서 수학으로 배우는 인공지능 2

지도 가이드북

✦ 이럴 때 펼쳐 보세요 ✦

 인공지능에 대한 자세한 설명이 필요할 때!

 수학 연계 학습 시 자세한 지도 방법이 필요할 때!

 관련 뉴스와 플랫폼을 찾아보고 싶을 때!

교과서 수학으로 배우는 인공지능 2
지도 가이드북

🤖 **초등 수학 교과 연계표** • 2
🤖 **인공지능 관련 웹사이트** • 3

1 인공지능은 어떻게 세상과 대화할까요 • 4
2 인공지능은 그림을 어떻게 표현할까요 • 6
3 이렇게 저렇게 나누어 봐요 • 8
4 인공지능은 내가 원하는 걸 알아요 • 11
5 인공지능은 어떻게 학습할까요 • 14
6 차례차례 순서를 정해요 • 17
7 인공지능은 빠르게 찾을 수 있어요 • 19

본책의 각 주제에서 연계하여 다룬 초등 수학 교과 내용을 정리하였습니다.

초등 수학 교과 연계표

인공지능 주제	초등 1학년	초등 2학년
1 인공지능은 어떻게 세상과 대화할까요 **0과 1**	[1학기] 5. 50까지의 수 [2학기] 5. 시계 보기와 규칙 찾기	
2 인공지능은 그림을 어떻게 표현할까요 **그림 저장 방법**		[2학기] 6. 규칙 찾기
3 이렇게 저렇게 나누어 봐요 **의사결정나무**	[1학기] 2. 여러 가지 모양	[1학기] 2. 여러 가지 도형 5. 분류하기
4 인공지능은 내가 원하는 걸 알아요 **추천 알고리즘**	[1학기] 2. 여러 가지 모양	
5 인공지능은 어떻게 학습할까요 **지도 학습과 비지도 학습**		[1학기] 2. 여러 가지 도형 5. 분류하기
6 차례차례 순서를 정해요 **정렬**	[1학기] 4. 비교하기 [2학기] 1. 100까지의 수	
7 인공지능은 빠르게 찾을 수 있어요 **이진 탐색**	[2학기] 1. 100까지의 수	

인공지능을 다양하게 체험할 수 있는 웹사이트를 소개하였습니다.

인공지능 관련 웹사이트

명칭	웹사이트 주소(URL)	관련 주제	화면
바다를 위한 AI	https://code.org/oceans	기계 학습	
모럴 머신	https://moralmachine.mit.edu/hl/kr	인공지능 윤리	
티쳐블 머신	https://teachablemachine.withgoogle.com	기계 학습	
엔트리	https://playentry.org	다양한 인공지능 원리	
퀵 드로우	https://quickdraw.withgoogle.com	기계 학습	
세미 컨덕터	https://semiconductor.withgoogle.com	사물 인식	
스케치 RNN	https://magenta.tensorflow.org/assets/sketch_rnn_demo/index.html	기계 학습	

1 인공지능은 어떻게 세상과 대화할까요

0과 1

1장에서는 인공지능이 세상과 대화하는 법, 즉 컴퓨터가 세상과 대화하는 방법에 대하여 소개합니다.

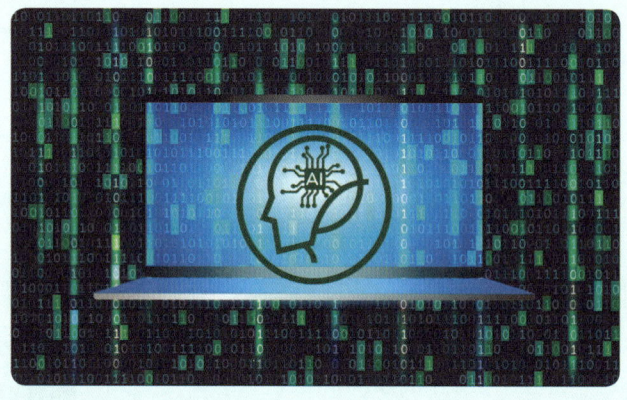

컴퓨터는 모든 정보를 0과 1만 사용하는 이진법을 이용하여 받아들입니다. 컴퓨터가 이진법을 이용하는 이유는 컴퓨터 안의 각 부품들이 0과 1의 두 상태밖에 구별하지 못하기 때문입니다. 컴퓨터에 전기 신호가 들어온 상태를 1로, 전기 신호가 없는 상태를 0이라고 할 수 있습니다. 예를 들어, 집에서 사용하는 전구의 불이 켜진 상태를 1, 불이 꺼진 상태를 0이라고 하는 것과 같습니다.

컴퓨터의 탄생 초기 단계에서는 우리가 사용하는 십진법을 이용하기도 했지만 많은 오류가 발생하여 이를 해결하는 과정에서 현재와 같이 이진법을 이용하게 되었습니다.

인공지능도 기계이기 때문에 이 기계와 대화를 하려면 디지털 신호를 사용해야 합니다. 복잡하게 보이는 인공지능도 단순히 켜고(1) 끄는(0) 두 가지 방법을 사용한다는 사실을 학생들이 알 수 있도록 지도해 주세요.

초등학교 1~2학년 수준에서 '십진법', '이진법'의 용어나 원리는 어려울 수 있습니다.

십진법	이진법
0부터 9까지 10개의 숫자를 사용하여 수를 나타내는 방법	0부터 1까지 2개의 숫자를 사용하여 수를 나타내는 방법

따라서 이를 깊게 설명하는 것보다는 **컴퓨터는 인간과 다른 언어를 사용하고, 이때는 0과 1의 2개의 숫자만 사용한다**는 것을 알도록 지도해 주세요.

그리고 우리가 생활 속에서 쉽게 접하는 시간의 단위를 통해 십진법이 아닌 다른 방법도 생활 속에서 사용하고 있었음을 알려 주면 학생들은 좀 더 흥미를 갖고 이번 주제를 대할 수 있을 것입니다.

1시간은 60분, 1분은 60초라는 시간의 개념을 통해 60진법을 어려움 없이 사용하고 있었음을 알게 되면 학생들은 컴퓨터가 세상과 대화하는 방법인 이진법도 어렵지 않게 대할 수 있을 것입니다.

2 인공지능은 그림을 어떻게 표현할까요

그림 저장 방법

2장에서는 1장에서 소개한 컴퓨터가 정보를 인식하는 방법 중 그림을 저장하는 방법에 대하여 좀 더 자세히 알아보는 내용으로 구성하였습니다. **컴퓨터는 그림을 저장할 때 그림을 0과 1의 숫자로 바꾸어 저장합니다.**

이때 컴퓨터는 그림을 사각형 모양의 작은 점, 즉 **화소**로 나누게 됩니다. 화소는 화면을 구성하는 최소 단위로, 영어로는 **픽셀(pixel)**이라고 하는데 픽셀은 픽처(picture)와 엘리먼트(element)의 준말입니다.

기술이 발달한 지금은 눈으로 확인하기 어렵지만 텔레비전 화면을 돋보기로 확대하여 보거나, 사진으로 찍어 최대한 확대하여 보면 아주 작은 점들이 무수히 많이 모여 화면을 구성하고 있는 것을 볼 수 있습니다. 이때 작은 점들이 바로 화소입니다. 물론 여러 가지 색으로 된 컬러

이미지는 각 화소에 고유한 값을 숫자로 나타내게 되어 보다 복잡하게 표현됩니다. 이는 초등학교 1~2학년 수준에서는 이해하기 어려우므로 2장에서는 명도가 같은 흑백만을 가지고 생각해 보도록 하였습니다. 학생들의 화소에 대한 이해를 돕기 위한 방법으로 모눈종이에 그림을 그리는 방법을 이용할 수도 있습니다.

화소의 수는 화질을 비교하는 데에도 유용하게 쓰이는데 같은 면적에서 화소의 수가 많을수록 정밀하고 상세한 화면을 얻을 수 있고 이를 '해상도가 높다'라고 표현합니다. 반대로 같은 면적에서 화소의 수가 적을수록 정밀하고 상세한 화면을 얻을 수 없게 되는데 이를 '해상도가 낮다'라고 표현합니다.

해상도는 ppi(pixels per inch)의 단위를 사용하여 나타냅니다. 이는 1인치 안에 몇 개의 픽셀이 존재하는지를 수치로 나타낸 것입니다.

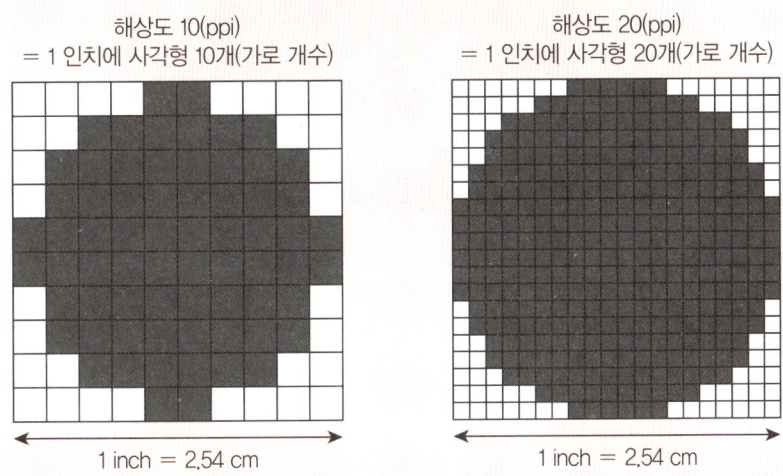

2장에서는 '해상도'라는 용어를 사용하지 않고 '화소의 수가 많을수록 그림이 선명하게 보인다'라는 정도로만 학생들이 이해하도록 지도해 주세요.

교과서 속 인공지능 에서는 1학년 수학 교과에서 학습하는 '규칙 찾기' 단원과 연계하여 인공지능의 원리를 이해할 수 있도록 구성하였습니다. 색이 없는 그림은 0, 색이 있는 그림은 1로 바꾸어 나타내는 문제를 통해 인공지능도 정해진 규칙에 따라 그림을 저장한다는 것을 이해하도록 지도해 주세요.

이렇게 저렇게 나누어 봐요

의사결정나무

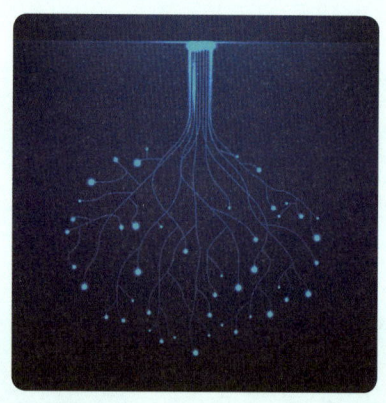

의사결정나무는 지도 학습 중 분류에서 가장 유용하게 사용하고 있는 기법 중 하나입니다. 의사결정나무는 여러 가지 규칙을 바탕으로 전체 자료를 몇 개의 소집단으로 분류하거나 예측하기 위해 결정을 해 가는 알고리즘입니다. 하나씩 분류하면서 결정하기 때문에 완성하고 뒤집으면 나무 모양을 닮아 의사결정나무라고 불립니다.

오른쪽 QR 코드를 스마트폰으로 찍으면 '의사결정나무'가 활용된 사례를 확인할 수 있습니다.

3장에서는 초등학교 1~2학년 학생들도 이해할 수 있도록 의사결정나무의 기본적인 내용만 간략하게 소개하였습니다.

> - 의사결정나무는 기준에 따라 주어진 자료를 분류하여 생각을 정해 가는 방법이며, 의사결정나무를 보면 생각의 과정 중 잘못된 부분을 쉽게 찾을 수 있어요.
> - 분류 기준은 자료를 나눌 수 있어야 하고, 기준이 여러 개일 때는 의사결정나무가 한쪽 방향으로 쏠린 모양이 되도록 분류 기준을 정하는 것이 좋아요.

인공지능은 복잡하지만 그 작동은 전기 신호가 있느냐 없느냐에 따라 단순하게 결정되므로 자료를 분류할 때는 질문에 따라 '예/아니요'로 간단하게 분류합니다. 따라서 학생들에게 인공지능이 생각을 정해 가는 방법은 결국 기준을 세워 이를 분류하는 과정을 통해 얻는 결과임을 알도록 하여 인공지능의 원리는 복잡하고 어려운 것이 아니라는 생각을 가질 수 있도록 지도해 주세요.

3장은 2학년 수학 교과에서 학습하는 '분류하기' 단원과 밀접하게 연관되어 있습니다. 이에 '분류하기' 단원에서 학습하는 분류 기준에 대해 생각해 볼 수 있도록 합니다.

> 분류할 때 기준은 누가 분류를 하더라도 같은 결과가 나올 수 있어야 해요.

또한 3장은 1~2학년 수학 교과에서 학습하는 '도형'을 소재로 하여 의사결정나무를 이해하도록 하였는데, 이는 관련 내용의 학습 유무와 상관없이 도형을 관찰하고 모양에 따라 분류하면서 자연스럽게 수학에 대한 흥미를 높일 수 있도록 한 것입니다.

인터넷에서 **아키네이터(akinator)**를 검색하여 게임을 해 보면 의사결정나무의 원리를 직접 체험해 볼 수 있습니다.

▲ 의사결정나무의 원리를 체험할 수 있는 플랫폼

인공지능은 내가 원하는 걸 알아요

추천 알고리즘

추천 알고리즘은 수많은 데이터 중에서 **사용자가 좋아할 만한 물품이나 콘텐츠를 추측하고 잘 맞을 것 같은 것을 제공하는** 알고리즘입니다. 이러한 알고리즘은 유튜브와 같은 동영상 플랫폼에서 많이 사용되고 있습니다. 우리가 좋아하는 영상들을 보면 그 영상과 비슷한 새로운 영상을 추천해 주는 것이 추천 알고리즘의 대표적인 예입니다.

▲ 추천 알고리즘을 이용한 플랫폼

▲ 추천 알고리즘 예

추천 알고리즘의 방법으로는 사용자가 많이 사용한 내용과 유사한 것을 추천하는 **콘텐츠 기반 필터링**(content-based filtering)과 사용자들이 사용하는 취향을 분석하여 사용해 보지 않은 상품을 예측하여 추천하는 **협업 필터링**(collaborative filtering)이 가장 대표적입니다. 4장에서는 해당 용어는 소개하지 않지만 각 방법이 초등학교 1~2학년 학생들이 이해하기 쉽도록 소개하였습니다.

콘텐츠 기반 필터링은 사용자가 자주 사용하는 콘텐츠 정보를 분석해 새로운 콘텐츠를 추천해 주는 방법입니다. 콘텐츠 기반 필터링의 장점은 새로운 아이템에 대한 추천이 가능하고, 다른 사용자의 데이터가 필요하지 않다는 점입니다. 하지만 특징을 찾기 어려운 데이터는 분석하기 어렵다는 단점도 갖습니다.

협업 필터링은 취향이 유사한 사용자를 분석해 새로운 콘텐츠를 추천해 주는 방법입니다. 협업 필터링의 장점은 아이템에 관한 정보를 따로 필요로 하지 않고 사용자들이 좋아하는 것을 분석하여 새롭게 추천이 가능하다는 점입니다. 하지만 사용자들의 특성이 고려되지 않기 때문에 상품 사이의 상관관계의 정확도가 떨어진다는 단점이 있습니다.

추천 알고리즘의 방법

콘텐츠 기반 필터링	협업 필터링
콘텐츠 정보를 분석해 새로운 콘텐츠를 추천해 주는 방법	사용자를 분석해 새로운 콘텐츠를 추천해 주는 방법
새로운 아이템 추천 가능, 다른 사용자의 데이터가 필요하지 않음	아이템에 관한 정보가 필요 없음, 새롭게 추천이 가능
특징을 찾기 어려운 데이터는 분석하기 어려움	상품 사이의 상관관계의 정확도가 떨어짐

학생들에게는 각 방법의 이름보다는 '이런 방법으로 인공지능이 사용자들에게 좋아할 만한 것을 추천해 주는구나'라고 이해할 수 있도록 지도해 주세요.

추천 알고리즘에서 대상을 보고 특성을 파악하여 공통점을 찾아 나누는 것은 수학에서 도형의 특성을 파악하여 공통점을 찾아 종류를 나누는 과정과 유사합니다. 따라서 4장에서는 인공지능의 추천 알고리즘과 도형의 분류를 공통점을 찾아 같은 것끼리 나누는 것이 서로 같음을 연결하여 지도해 주세요.

오른쪽 QR 코드를 스마트폰으로 찍으면 '추천 알고리즘'에 관련된 기사를 확인할 수 있습니다.

5 인공지능은 어떻게 학습할까요

지도 학습과 비지도 학습

대부분의 학생들은 '인공지능은 배우지 않아도 모든 것을 알고 있다.'라고 생각합니다. 하지만 인공지능도 학습이 필요합니다. 5장에서는 학생들이 인공지능도 학습이 필요함을 알고, 더 나아가 인공지능을 학습시키는 두 가지 방법에 대해 알 수 있도록 하였습니다.

인공지능을 학습시키는 방법으로는 크게 **지도 학습**, **비지도 학습**, **강화 학습**의 세 가지 방법이 있습니다.

인공지능 학습 방법

지도 학습	비지도 학습	강화 학습
정답이 있는 데이터를 이용하여 학습시키는 방법	정답이 없는 데이터를 이용하여 학습시키는 방법	특정 행동에 대한 보상을 제공하여 학습시키는 방법

지도 학습이란 인간이 문제에 대한 답을 알고 있는 경우, 인공지능이 답을 알아낼 수 있도록 훈련시킬 때 사용하는 방법입니다.

예를 들어, 선생님이 변이 3개이고, 꼭짓점이 3개인 도형이 '삼각형'임을 학생들에게 직접적으로 알려 주며 학습시키는 것과 같은 방법입니다.

인터넷에서 **티쳐블 머신(Teachable Machine)**을 검색하여 실제로 해 보면 지도 학습의 원리를 체험해 볼 수 있습니다.

▲ 지도 학습의 원리를 체험할 수 있는 플랫폼

비지도 학습이란 인간이 문제에 대해 답을 알지 못하는 경우에 더 많이 사용되며, **정답을 알려 주지 않았을 때 인공지능이 자료의 다양한 특징을 파악하여 이를 바탕으로 비슷한 것끼리 서로 묶고, 새로운 자료가 제공되었을 때 비슷한 특징이 더 많은 무리에 포함시키는 방법**입니다.

예를 들어, 나비, 잠자리, 꿀벌이 무엇인지 모르는 상황에서 많은 양의 나비, 잠자리, 꿀벌 사진을 제공하고 비슷한 것끼리 묶어 보라고 하면 인공지능은 자료를 분석하여 스스로 비슷한 것끼리 묶습니다. 이후 새로운 자료를 제시하면 비슷한 무리에 포함시켜 무리의 특징과 동일한 특징을 갖는다고 판단하는 방법입니다.

5장에서는 2학년 수학 교과에서 학습하는 '분류하기' 단원을 비지도 학습과 관련하여 소개하였습니다. 하지만 엄밀히 따지면 분류와 비지도 학습에서의 무리 짓기는 큰 차이가 있습니다.

분류란 소속 집단의 정보를 모두 알고 있는 상태에서 그룹화하는 것을 말합니다. 반면 비지도 학습에서의 무리 짓기는 소속 집단의 정보를 모르는 상태에서 비슷한 것끼리 묶는 것으로 이는 분류와 구별하여 '군집화'라고 합니다. 인공지능의 원리를 소개할 때는 이처럼 분류와 군집화를 다르게 다루어야 하지만 초등학교 1~2학년 수준에서는 이를 구별 지어 이해하기 어려우므로 5장에서는 기준에 따라 나눈다라는 의미로 구별하지 않고 사용하였습니다.

강화 학습이란 현재의 상태를 관찰하여 선택할 수 있는 행동들 중에서 가장 최대의 보상을 가져다주는 행동이 무엇인지를 학습하는 것입니다. 우선 행동을 한 다음 유리한 행동이었다면 보상을 받고, 그렇지 않았다면 보상을 받지 못하는 방법입니다. 5장에서는 인공지능의 학습 방법 중 지도 학습과 비지도 학습이 학생들의 수학 학습 내용과 보다 밀접하게 관련되어 있어 강화 학습은 소개하지 않았습니다.

오른쪽 QR 코드를 스마트폰으로 찍으면 5장의 내용과 관련된 기사를 확인할 수 있습니다.

차례차례 순서를 정해요

정렬

6장에서는 인공지능의 여러 가지 정렬 알고리즘 중에서 **버블 정렬**(bubble sort)과 **선택 정렬**(selection sort)에 대해 소개하였습니다.

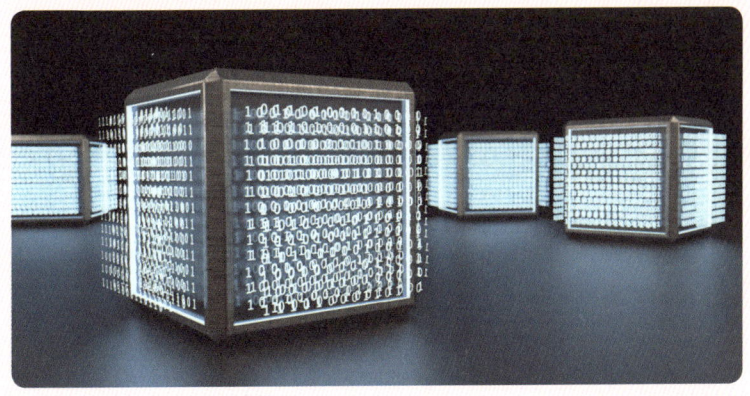

첫 번째로 소개하는 방법은 **버블 정렬**입니다.

> **버블 정렬**
> 이웃한 데이터의 크기를 비교하여 자리를 바꾸어 가면서
> 오름차순이나 내림차순으로 데이터를 정렬하는 알고리즘

즉, 수를 오름차순으로 정렬한다면 이웃한 두 수의 크기를 비교하며 더 큰 수를 뒤로 보내는

과정을 반복하여 수를 정렬하는 방법입니다. 6장에서는 학생들의 이해를 돕기 위해 모두 오름차순의 예시만 다루었지만 실제로 오름차순과 내림차순의 두 가지 방법을 모두 사용할 수 있습니다.

두 번째로 소개하는 방법은 **선택 정렬**입니다.

> **선택 정렬**
> 가장 작은 데이터를 선택하여
> 가장 앞의 데이터와 교환해 가면서
> 오름차순으로 데이터를 정렬하는 알고리즘

즉, 전체 데이터를 한 번 돌아가면서 살펴본 다음 가장 작은 수를 찾아 가장 앞에 놓는 방법이라고 할 수 있습니다. 선택 정렬은 버블 정렬과 다르게 오름차순으로만 정렬하며, 맨 앞으로 보내진 데이터는 더 이상 비교를 하지 않아도 되므로 버블 정렬보다 간편합니다.

6장에서는 학생들이 '버블 정렬', '선택 정렬'의 용어를 아는 것보다 '아~ 이런 방법으로 인공지능이 데이터를 정렬하는구나.' 정도로 이해할 수 있도록 지도해 주세요.
더 나아가 인공지능과 인간의 정렬 방법을 비교하여 알려 주고자 한다면 인공지능은 모든 과정을 한 단계씩 순서대로 나아가지만 인간은 직관적으로 단계를 건너 뛰면서 정렬할 수 있다는 것을 알려 주도록 하세요.

데이터를 정렬하기 위해 선행되어야 하는 것은 데이터를 비교하는 것입니다. 6장에서는 1학년 수학 교과에서 학습하는 '길이와 키의 비교'와 2학년 수학 교과에서 학습하는 '수의 크기 비교'를 통해 자료를 정렬시키는 방법에 대해 학습합니다. 정렬에 대한 이해를 돕기 위해 수학 교과에서 학습하는 사물의 다양한 속성에 따른 비교 방법과 수의 크기 비교 방법을 먼저 생각해 볼 수 있도록 합니다.

인공지능은 빠르게 찾을 수 있어요

이진 탐색

7장에서는 6장에서 소개한 정렬 알고리즘과 함께 인공지능의 가장 기본적인 알고리즘인 탐색 알고리즘에 대해 소개하고 있습니다.

탐색 알고리즘은 방법에 따라 **순차 탐색(sequential search)** 알고리즘과 **이진 탐색 (binary search)** 알고리즘이 있습니다.

순차 탐색 알고리즘은 가장 간단한 탐색 방법으로 원하는 데이터를 찾기 위해 앞에서부터 데이터를 하나씩 확인하며 탐색하는 방법이며, **이진 탐색** 알고리즘은 데이터가 정렬되어 있을 때, 원하는 데이터를 찾기 위해 데이터를 반씩 나누며 탐색하는 방법입니다.

탐색 알고리즘

	순차 탐색 알고리즘	이진 탐색 알고리즘
정의	앞에서부터 데이터를 하나씩 확인하며 탐색하는 방법	데이터가 정렬되어 있을 때, 원하는 데이터를 찾기 위해 데이터를 반씩 나누며 탐색하는 방법
장점	방법이 단순하여 데이터를 정렬하지 않아도 사용할 수 있음	탐색 시간이 짧음
단점	검색할 자료가 많으면 비효율적임	데이터가 정렬되어 있을 때만 사용할 수 있음

순차 탐색과 이진 탐색을 학생들에게 쉽게 설명하고자 한다면 실생활과 연계하여 사전에서 원하는 낱말을 찾을 때를 생각해 보게 합니다.

국어사전에서 찾고 싶은 낱말이 있다고 가정해 봅시다. 앞에서부터 차례대로 낱말을 찾는 것은 순차 탐색의 방법입니다. 다른 방법으로 사전의 낱말이 가나다순으로 정렬되어 있는 것을 이용하여 일단 가운데부터 펼쳐 보고 찾고 싶은 낱말이 앞쪽에 있는지 뒤쪽에 있는지를 확인하며 낱말을 찾는 것은 이진 탐색의 방법입니다. 이때는 무작위로 사전을 펼쳐 낱말을 찾는 것보다 빠르게 원하는 낱말을 찾을 수 있을 것입니다.

이러한 가정을 통해 학생들은 6장에서 소개했던 정렬의 중요성을 다시 한번 되새길 수 있고, 정렬된 데이터에서 원하는 자료를 빠르게 찾는 방법을 이해할 수 있습니다.

'이진 탐색'에서 '이진'은 중학교에서 학습하는 '이진법'에서 '이진'의 의미로, '예/아니요' 또는 '크다/작다'와 같이 2가지로 판단되는 상황을 의미합니다. 학생들에게는 용어의 뜻을 파악하여 내용을 이해시키기보다는 인공지능도 자신이 찾고 싶은 자료를 효율적으로 빠르게 찾기 위해 사용하는 방법이 있음을 알도록 지도해 주세요.

선생님, 부모님!
여기 보세요
지도할 때 필요한 내용을 모았어요

(1학년) 시계 보기와 규칙 찾기

3 규칙에 따라 빈칸에 알맞은 수를 써넣으세요.

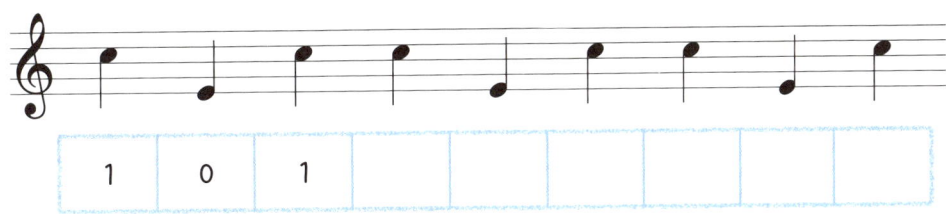

(1학년) 시계 보기와 규칙 찾기

4 규칙에 따라 빈칸에 알맞은 수를 써넣으세요.

30~31쪽 확인하기

1 '✊ – ☝'이 반복되는 규칙입니다.

✊은 0, ☝은 1로 나타냅니다.

✊	☝	✊	☝	✊	☝	✊	☝
0	1	0	1	0	1	0	1

2 '🎩 – 🏐 – 🏐'이 반복되는 규칙입니다.

🎩은 1, 🏐은 0으로 나타냅니다.

🎩	🏐	🏐	🎩	🏐	🏐	🎩	🏐	🏐
1	0	0	1	0	0	1	0	0

3 '쿵 - 짝'이 반복되는 규칙입니다.

쿵은 1로, 짝은 0으로 나타냅니다.

쿵	짝	쿵	짝	쿵	짝	쿵	짝
1	0	1	0	1	0	1	0

4 '높은 음 - 낮은 음 - 높은 음'이 반복되는 규칙입니다.

높은 음은 1로, 낮은 음은 0으로 나타냅니다.

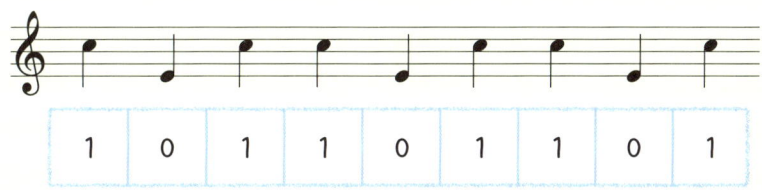

| 1 | 0 | 1 | 1 | 0 | 1 | 1 | 0 | 1 |

우리가 숫자를 약속한 것처럼
인공지능도 약속한 방법으로 정보를 숫자로 나타낼 수 있어요.
인공지능에게 정보를 알려 주기 위해서는
0(전기 신호 없음)과 1(전기 신호 있음)을 사용합니다.

인공지능 로봇 영화를 소개해요

인공지능은 생각보다 우리 가까이에 있어요. 그리고 언젠가는 둘도 없는 친구처럼 옆에 있을지도 몰라요.

그날을 기대하며 인공지능 로봇 영화를 가족들과 함께 보는 건 어떨까요? 그래서 준비했답니다. 재미있는 인공지능 로봇 영화를 소개할게요.

✿ 고장난 론 ✿

바비는 최첨단 인공지능 로봇인 '비봇'이 모든 아이들의 친구가 되는 세상에 살고 있어요.

어느 날 바비에게도 '론'이라는 비봇이 생겼는데 론은 다른 비봇과는 좀 달라요.

자유분방하고 엉뚱한 론 때문에 벌어지는 엉망진창 모험 이야기!

진정한 우정을 찾아 모험을 떠나 볼까요?

✿ 월-E ✿

지구에 홀로 남아 수백 년 동안 외롭게 일만 하던 월-E는 탐사 로봇 이브를 만나면서 새로운 목표가 생깁니다.

그리고 인류의 운명이 달린 우주여행을 시작하게 돼죠.

월-E와 미래 세계로 떠나는 환상적인 모험 이야기!

지금 함께 떠나 볼까요?

론과 월-E도 세상을 0과 1로 보고 있겠지?

인공지능은 그림을 어떻게 표현할까요

그림 저장 방법

• 규칙성으로 이해해요 2학년 규칙 찾기

그림 저장 방법

가인이가 짱봇과 함께 미술관에 갔어요. 멋진 그림을 보고 좋아하던 가인이는 짱봇에게 말했어요.

"너무 멋진 그림이지 않아?"

"어차피 나는 0과 1 밖에 안 보여!"

이 멋진 그림을 봐도 0과 1만 보인다는 짱봇! 짱봇에게는 그림이 모두 숫자로만 보인대요.

짱봇은 어떻게 그림을 0과 1로 보는 걸까요?

생각해 봐요!

★ 사람이 보는 그림과 인공지능이 보는 그림은 어떻게 다를까요?
★ 인공지능이 그림을 볼 때 0과 1을 어떻게 사용할까요?

인공지능은 그림을 어떻게 볼까요

컴퓨터는 세상의 모든 것을 0과 1로 바꿔서 받아들인다고 했던 거 기억나죠?

그림도 마찬가지예요. **컴퓨터는 우리와 같은 그림을 보고 있어도 0과 1만 사용하여 그림을 저장한답니다.**

혹시 컴퓨터 모니터나 스마트폰에서 사진을 계속해서 확대하여 본 적이 있나요?

작은 사각형이 보여요!

사진을 아주 크게 확대해서 보면 이렇게 작은 사각형들로 사진이 이루어진 것처럼 보일 거예요. 그래서 사물의 테두리 부분은 굽은 선이 아니라 마치 계단처럼 보이기도 하죠.

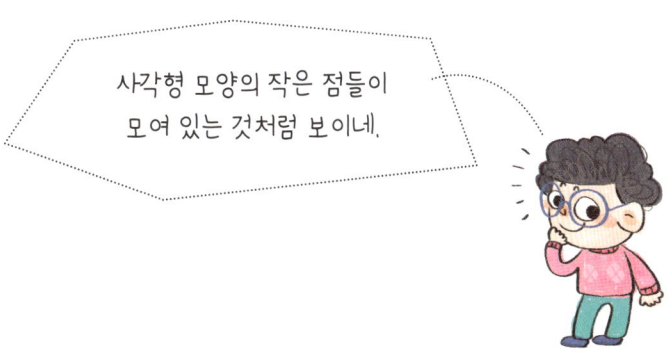

사각형 모양의 작은 점들이 모여 있는 것처럼 보이네.

그림을 이루는 가장 작은 사각형 모양의 점을 **화소**라고 합니다. 영어로는 **픽셀(pixel)**이라고 하죠.

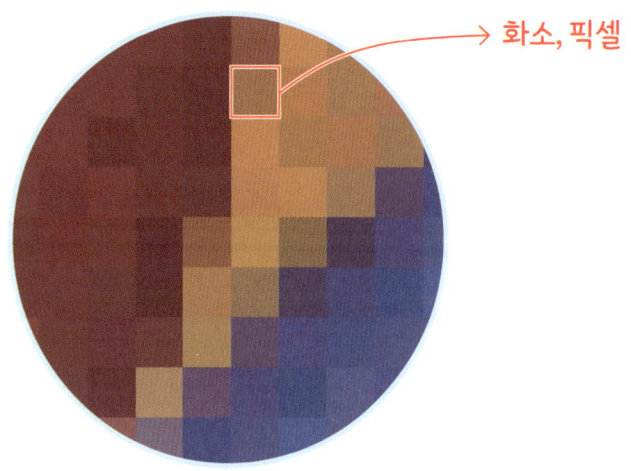

점이 1칸이면 1화소라고 해요. 그렇다면 점이 4칸이면 4화소, 25칸이면 25화소라고 하겠죠? 화소의 수의 따라 그림이 선명하게 보이는 정도가 달라지기도 해요.

화소의 수가 많을수록

그림이 선명하게 보여요!

컴퓨터는 숫자만 저장할 수 있어요. 그래서 그림도 숫자 0과 1을 사용해서 저장하죠. 컴퓨터는 화소라는 작은 점에 0과 1을 넣어 그림을 저장한답니다. 그 방법이 궁금하지 않나요? 지금부터 어떤 방법으로 그림을 저장하는지 함께 알아봐요.

내가 그림을 저장하는 방법이야!

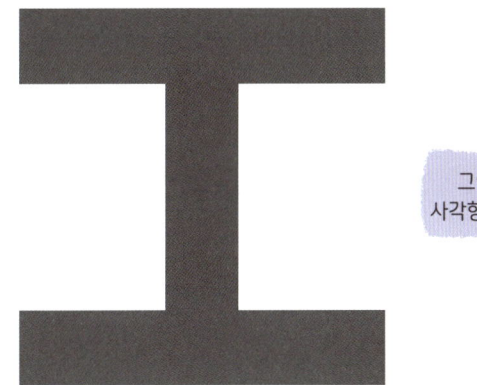

그림을 작은 사각형으로 나누고

사각형에 0 또는 1을 넣어서 저장해!

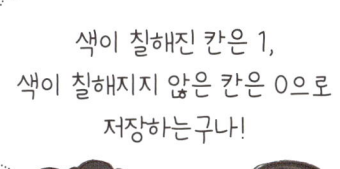
색이 칠해진 칸은 1, 색이 칠해지지 않은 칸은 0으로 저장하는구나!

1	1	1	1	1
0	0	1	0	0
0	0	1	0	0
0	0	1	0	0
1	1	1	1	1

반대로 숫자로 나타낸 것을 보고 그림으로 나타내 볼까요? 1이 있는 칸은 색칠하고, 0이 있는 칸은 색칠하지 않으면 돼요.

내가 그림을 표현하는 방법이야!

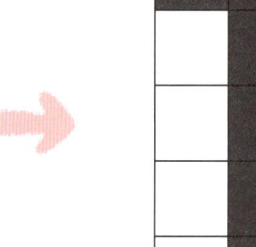

인공지능은 0과 1을 사용하여 그림을 저장하고 표현하는구나~

'규칙'을 찾아 수로 나타내며 이해 쏘~옥!

가인이와 하준이는 짱봇이 그림을 저장하는 방법으로 그림을 나타내려고 해요. 맞게 잘하고 있는지 함께 살펴볼까요?

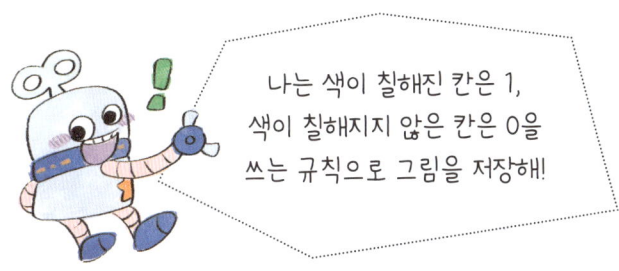

나는 색이 칠해진 칸은 1, 색이 칠해지지 않은 칸은 0을 쓰는 규칙으로 그림을 저장해!

0	1	0	1	0
1	1	1	1	1
1	1	1	1	1
0	1	1	1	0
0	0	1	0	0

1	1	0	0	1
1	1	0	0	0
1	1	0	0	0
1	1	1	1	1
1	1	1	1	1

45

왼쪽은 짱봇이 그림을 보고 저장한 숫자예요. 하준이와 가인이는 짱봇이 어떤 그림을 본 건지 궁금해졌어요. 짱봇이 어떤 그림을 본 건지 함께 알아 봐요.

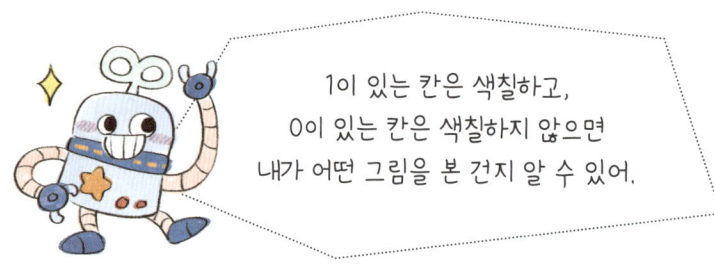

1	0	1	1	1
1	0	1	0	1
1	0	1	0	1
1	0	1	0	1
1	1	1	0	1

1	1	0	1	1
1	1	0	1	1
0	0	1	0	0
1	1	0	1	1
1	1	0	1	1

인공지능! 이렇게 생각하면 쉬워요.

인공지능은 그림을 사각형 모양의 점을 이용해서 나타내는구나!

사각형 모양의 점이 색칠되어 있으면 1, 아니면 0! 이렇게 인공지능은 그림을 숫자로 바꿔서 저장한다고!

1 2학년 규칙 찾기

그림에서 ◯은 0, ⬤은 1로 바꾸어 나타내어 보세요.

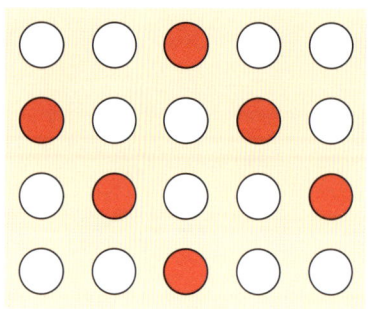

0	0	1	0	0
1	0	0	1	0

2 2학년 규칙 찾기

포장지의 무늬에서 🍬은 1, 🍬은 0으로 바꾸어 나타내어 보세요.

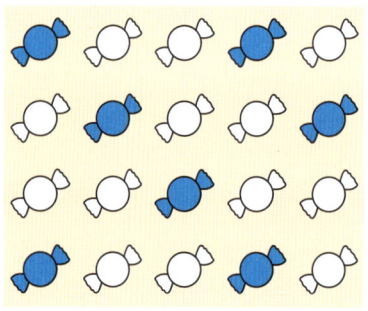

1	0	0	1	0
0	1			

48쪽 확인하기

1 그림에서 ◯은 0, 🔴은 1로 바꾸어 나타내면 다음과 같습니다.

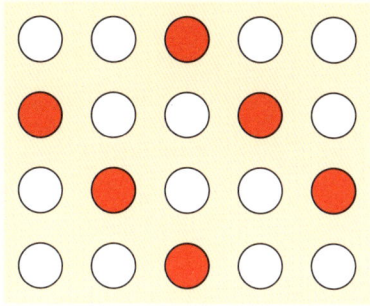 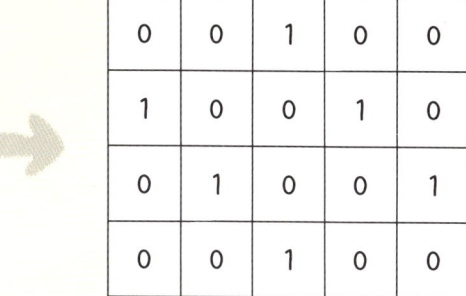

0	0	1	0	0
1	0	0	1	0
0	1	0	0	1
0	0	1	0	0

2 포장지의 무늬에서 은 1, 🍬은 0으로 바꾸어 나타내면 다음과 같습니다.

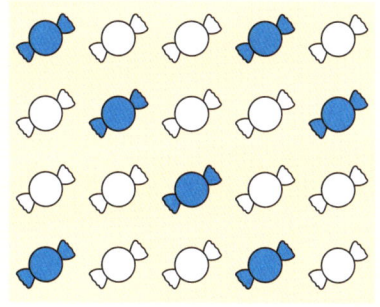

1	0	0	1	0
0	1	0	0	1
0	0	1	0	0
1	0	0	1	0

우리가 그림을 숫자로 바꾸어 나타낸 것처럼
인공지능은 그림을 0과 1로 바꾸어 저장해요.

타교과 및 생활 속 인공지능

⭐ 대화를 읽고 물음에 답하세요.

1 가인이가 36칸짜리 모눈에 원 모양을 나타내려고 합니다. 원 모양에 가장 가깝게 왼쪽 모눈을 색칠한 다음, 오른쪽 모눈에 0과 1로 나타내어 보세요.

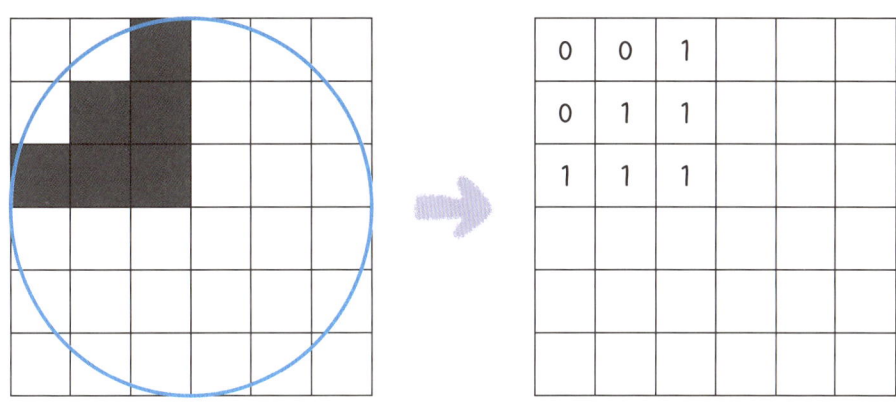

2 하준이가 100칸짜리 모눈에 원 모양을 나타내려고 합니다. 원 모양에 가장 가깝게 왼쪽 모눈을 색칠한 다음, 오른쪽 모눈에 0과 1로 나타내어 보세요.

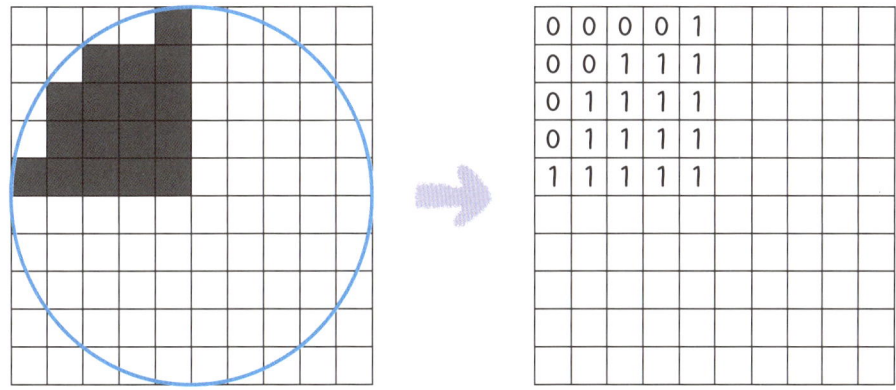

1 원 모양에 가장 가깝게 36칸짜리 모눈에 색칠한 다음, 색이 칠해진 칸은 1, 색이 칠해지지 않은 칸은 0을 씁니다.

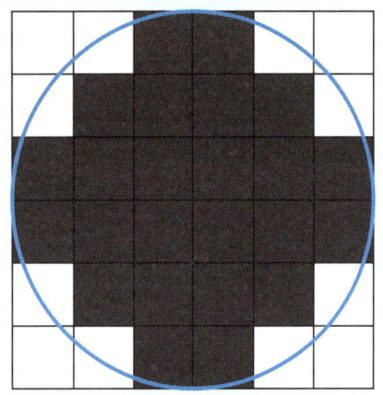 

0	0	1	1	0	0
0	1	1	1	1	0
1	1	1	1	1	1
1	1	1	1	1	1
0	1	1	1	1	0
0	0	1	1	0	0

2 원 모양에 가장 가깝게 100칸짜리 모눈에 색칠한 다음, 색이 칠해진 칸은 1, 색이 칠해지지 않은 칸은 0을 씁니다.

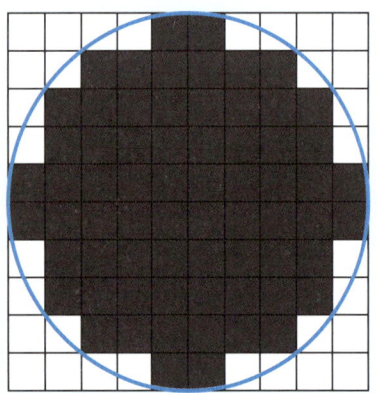

0	0	0	0	1	1	0	0	0	0
0	0	1	1	1	1	1	1	0	0
0	1	1	1	1	1	1	1	1	0
0	1	1	1	1	1	1	1	1	0
1	1	1	1	1	1	1	1	1	1
1	1	1	1	1	1	1	1	1	1
0	1	1	1	1	1	1	1	1	0
0	1	1	1	1	1	1	1	1	0
0	0	1	1	1	1	1	1	0	0
0	0	0	0	1	1	0	0	0	0

나는 컴퓨터가 **36화소**에
원을 나타내는 방법으로 나타낸 거야!

나는 컴퓨터가 **100화소**에
원을 나타내는 방법으로 나타낸 거야!

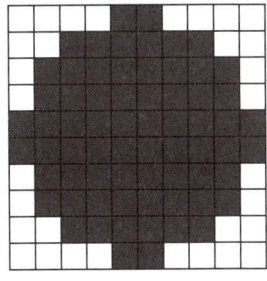 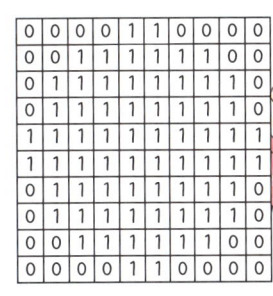

원 모양에 더 가깝게 나타낸 사람은 하준이야!
화소의 수가 많을수록
그림이 선명해지는 것과 같은 원리지!

픽셀 아트를 직접 해 봐요

'픽셀 아트(pixel art)'라고 들어본 적 있나요? **픽셀 아트란 컴퓨터가 그림을 구성하는 단위인 픽셀에 색을 넣어 그림을 그리는 예술의 한 형식**을 말해요.

스마트폰에서 애플리케이션을 내려받으면 우리도 픽셀 아트를 쉽게 할 수 있답니다. 어떤 건지 궁금하지 않나요? 지금부터 함께 해 봅시다.

1 '픽셀 아트'를 검색하여 애플리케이션을 내려받습니다.

2 내려받은 애플리케이션을 실행하여 원하는 작품을 선택합니다.

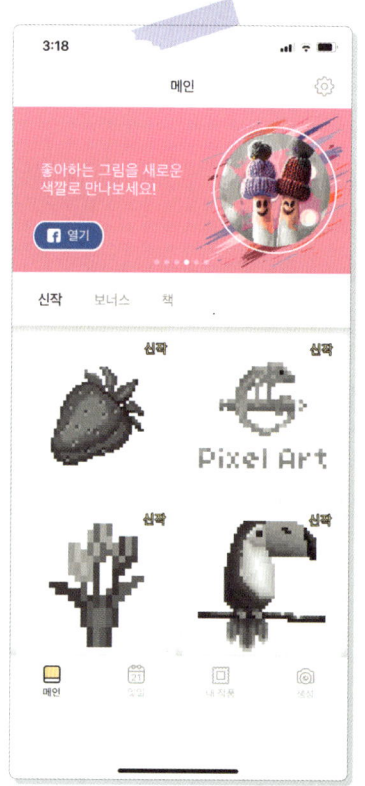

54

❸ 색상을 선택한 후 그림에서 색상에 적힌 숫자와 같은 숫자가 있는 칸을 찾아 클릭합니다.

❹ '내 작품'을 클릭하면 내가 완성한 작품과 시작한 작품을 모두 볼 수 있습니다.

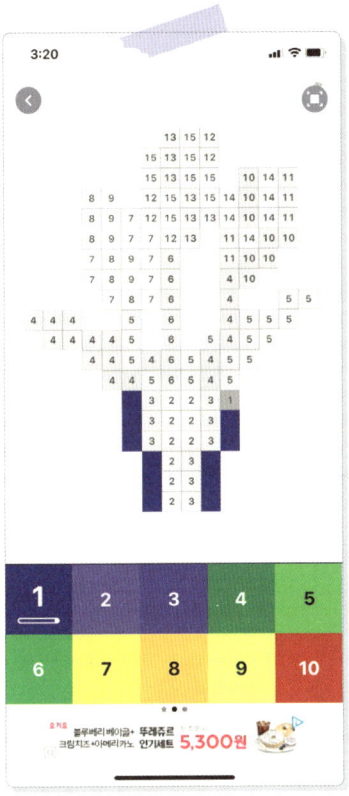

 다양한 작품을 만들어 봐!

이렇게 저렇게 나누어 봐요

의사결정나무

- 도형으로 이해해요 1학년 여러 가지 모양 2학년 여러 가지 도형
- 자료와 가능성으로 이해해요 2학년 분류하기

의사결정나무

인공지능을 지닌 깨봇은 여러 가지 자료를 기준에 따라 분류할 수 있어요.

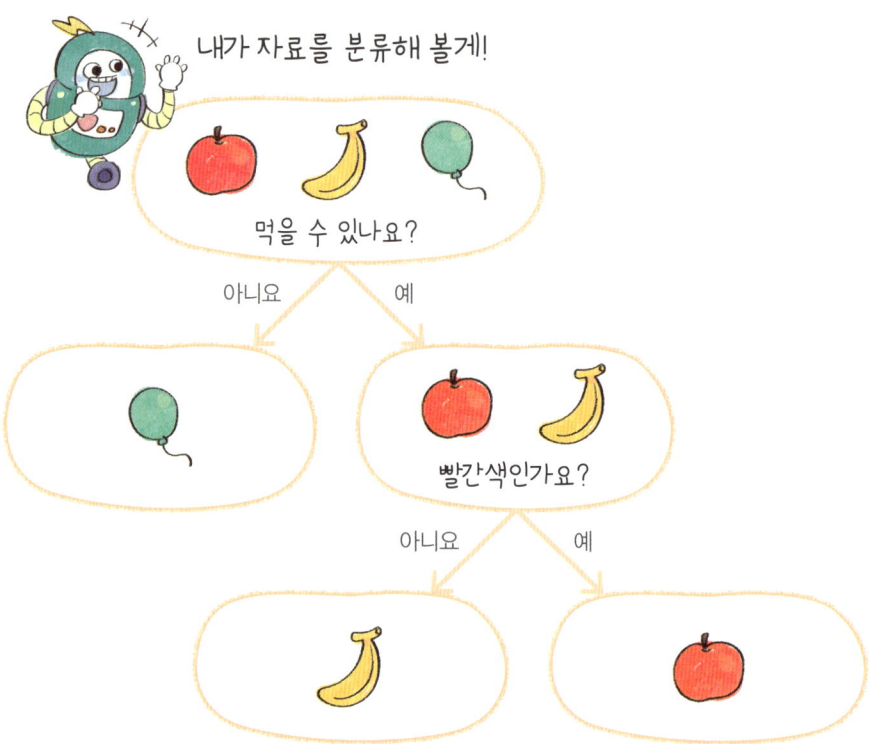

이때 기준에 따라 분류된 모습이 나무를 거꾸로 세운 모습과 비슷하지 않나요? 이걸 **의사결정나무**라고 한답니다.

* **의사** 무엇을 하고자 하는 생각

의사결정나무는 인공지능이 문제의 답을 찾기 위해 질문을 하나씩 하면서 결정할 자료의 개수를 줄여 나가는 거예요. 스무고개를 떠올리면 이해하기 쉬워요.

생각해 봐요!

★ **의사결정나무**란 무엇일까요?

★ **의사결정나무**를 이용하면 무엇을 할 수 있을까요?

의사결정나무에 대해 알아볼까요

의사결정나무의 단어를 하나씩 나눠서 그 뜻을 살펴볼게요.

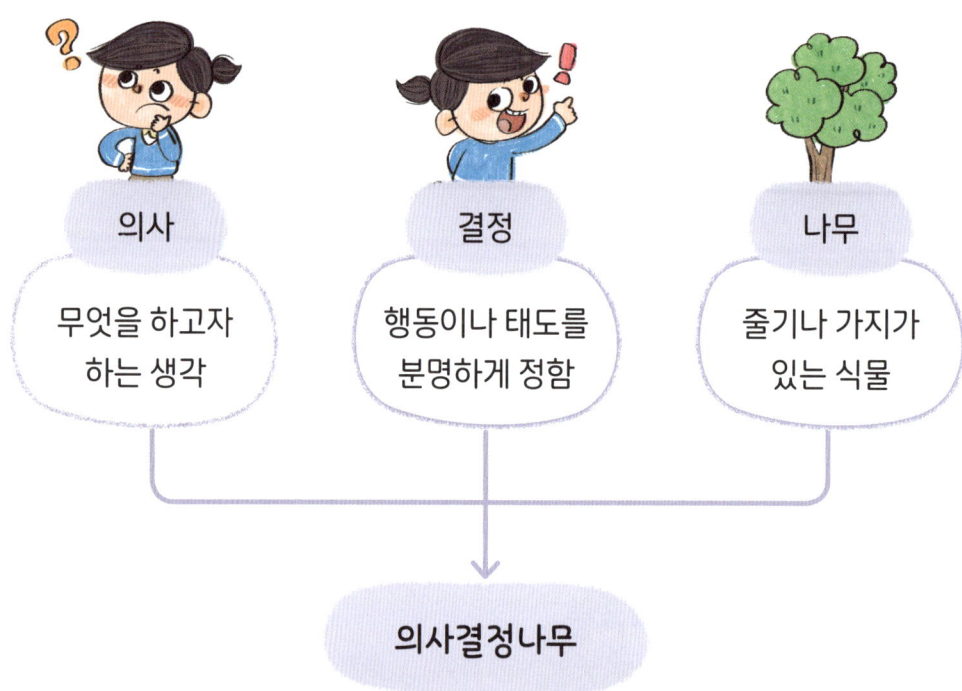

즉 의사결정나무란 나뭇가지처럼 뻗어 나가면서 생각을 하나씩 결정해 가는 것으로 생각하면 쉬워요.

글씨를 쓸 수 있고, 쓴 글씨가 검은색이면 '연필'이라고 생각하는 깨봇! 유진이가 깨봇에게 ✏️, ✏️, 📒를 보여 주면서 어떤 것이 연필인지 물어 보았어요. 깨봇은 어떤 것이 연필이라고 답했을까요?

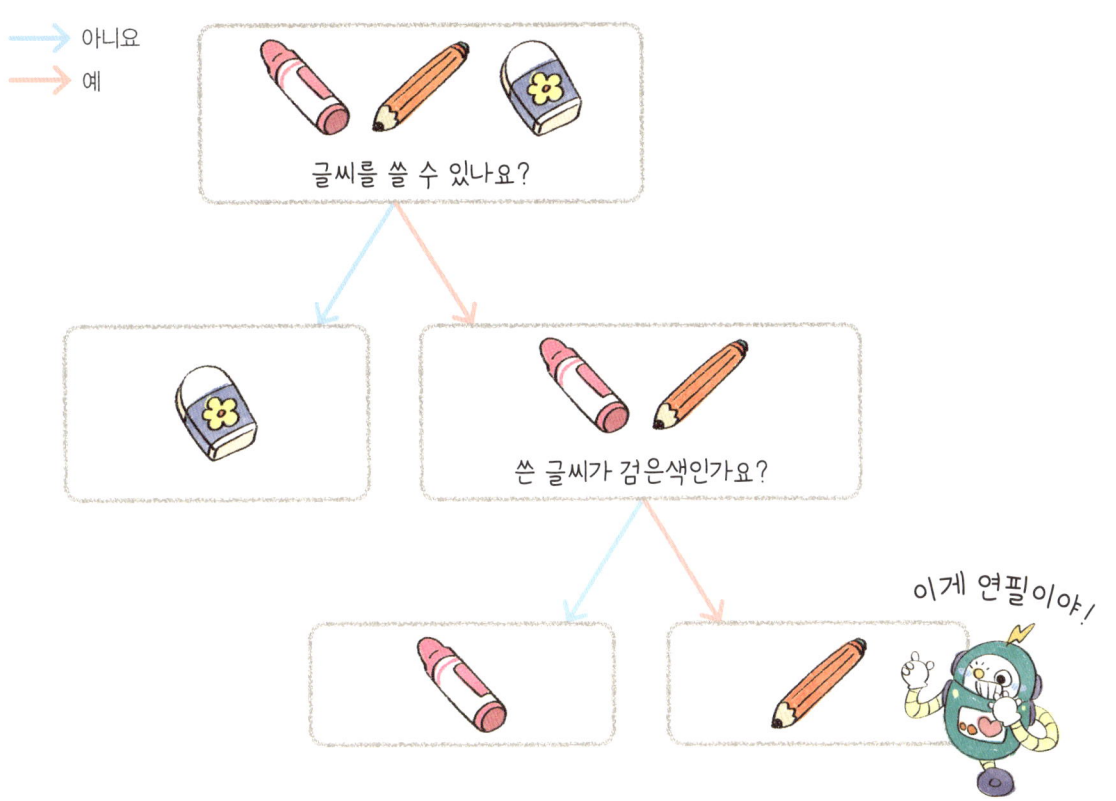

깨봇은  을 연필이라고 답했어요. 기준에 따라 분류를 계속했더니 어떤 것이 연필인지 알맞게 답을 찾을 수 있었어요.

위 그림을 다시 볼게요. 깨봇이 어떤 방법으로 연필을 찾았는지 그 과정이 모두 보이죠? 이 그림이 바로 **의사결정나무**랍니다.

의사결정나무는 생각을 정해 주는 고마운 나무구나!

'도형'으로 이해 쏘~옥!

깨봇이 여러 가지 도형 중에서 삼각형을 찾으려고 해요. 잘 찾고 있는지 함께 살펴봐요.

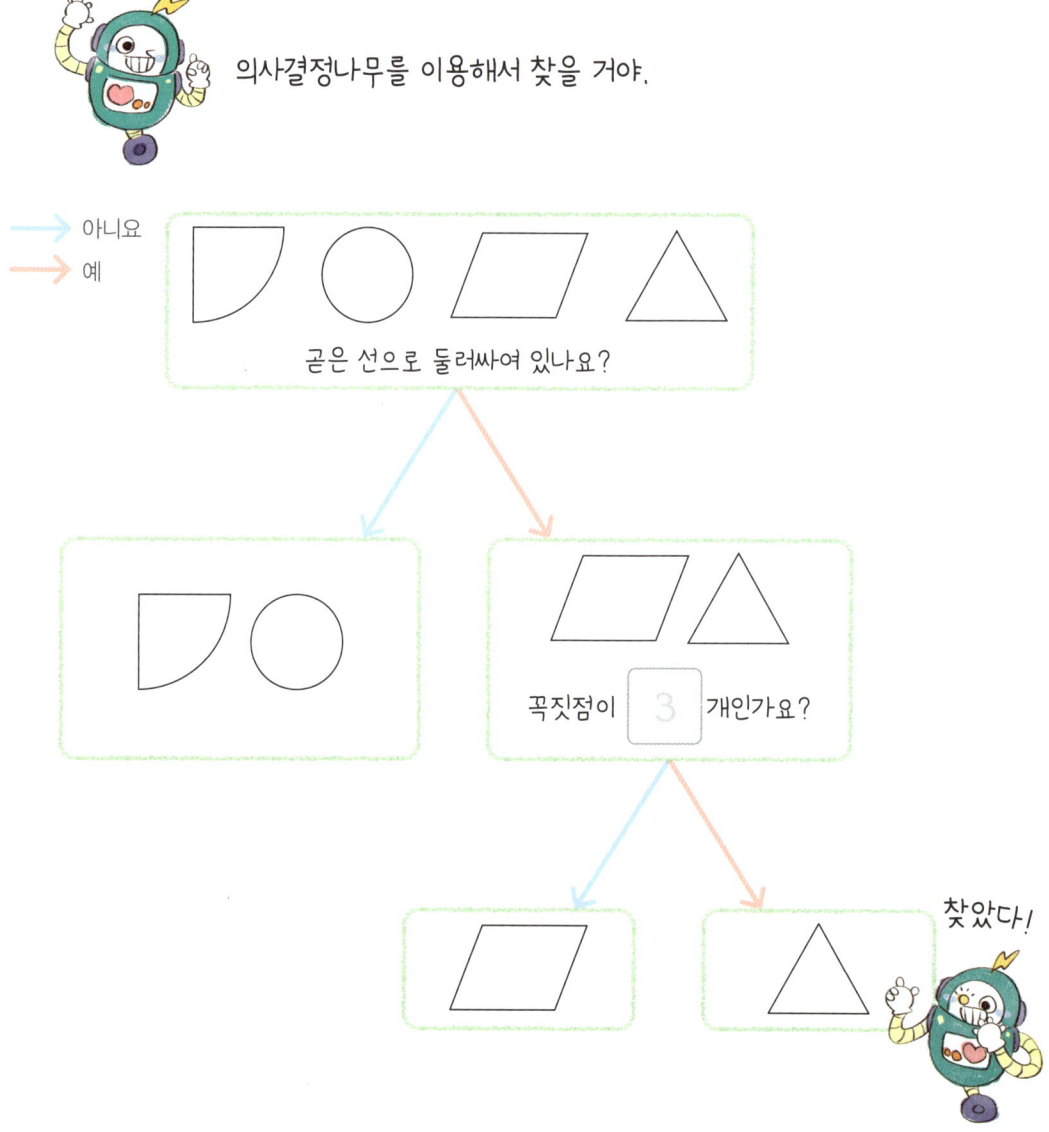

의사결정나무를 보면 깨봇이 어떤 과정을 거쳐 여러 가지 도형 중에서 삼각형을 찾았는지 쉽게 알 수 있어요.

만약에 깨븟이 다음과 같이 답을 잘못했다면 어느 부분에서 생각을 잘못한 건지 알 수 있을까요?

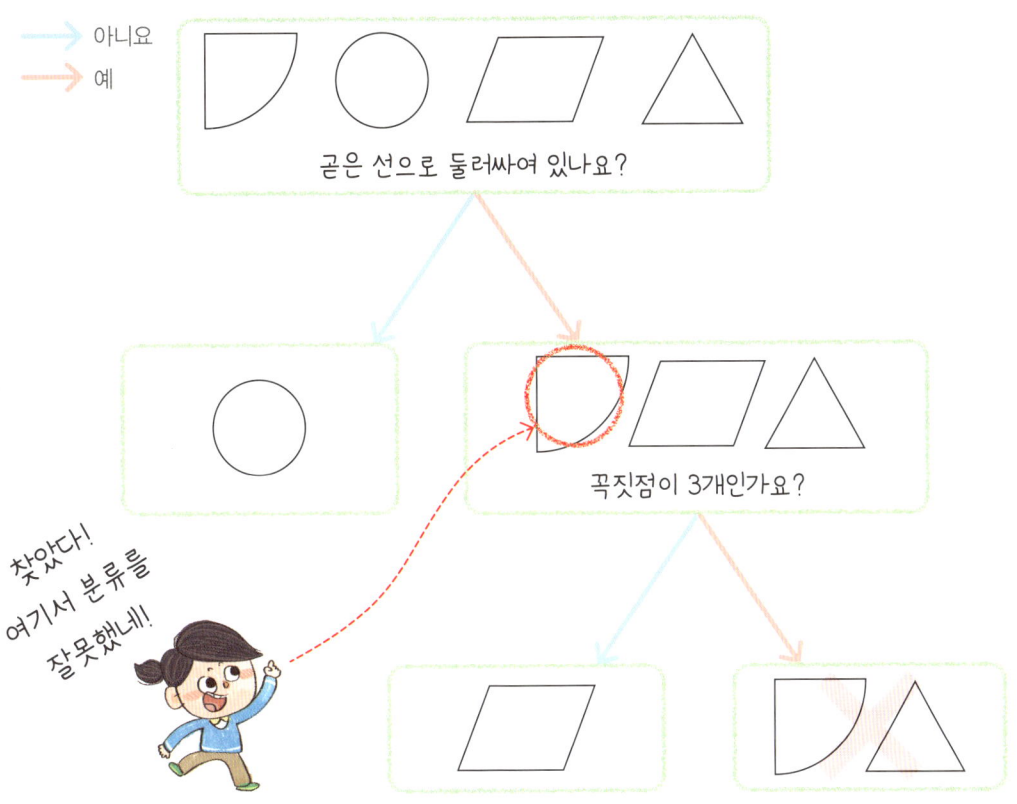

생각하는 과정이 모두 보이니까 잘못 생각한 부분도 쉽게 찾을 수 있겠죠?

인공지능! 이렇게 생각하면 쉬워요.

의사결정나무는 기준에 따라 자료를 하나씩 분류하여 생각을 정해 주는 방법이야.

분류한 것을 하나씩 확인하면 잘못 생각한 부분도 쉽게 찾을 수 있어서 좋아!

의사결정나무에서 좋은 분류 기준이란

깨끗은 👕 와 👖 를 분류할 수 있어요. 어떤 기준으로 분류한 걸까요? 👕 와 👖 를 분류할 수 있는 기준을 함께 생각해 봅시다.

재희가 생각한 기준으로 의사결정나무를 그려 볼게요.

경우 ❶ '옷인가요?'를 기준으로 할 때

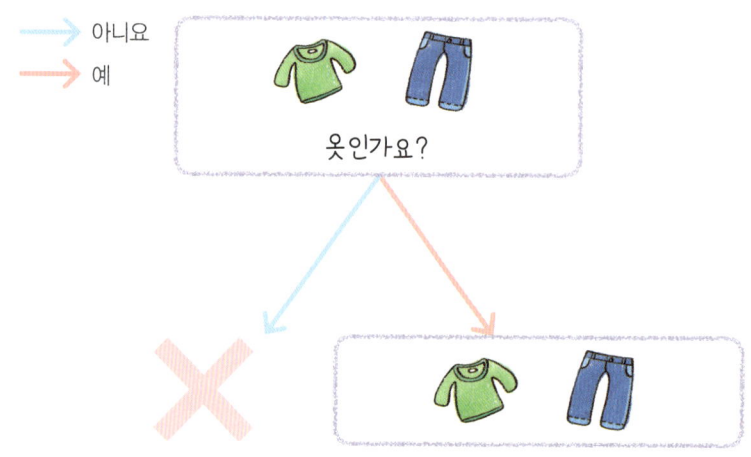

모두 '예'에 속하니까 분류가 되질 않네.

경우 ❷ '위에 입을 수 있나요?'를 기준으로 할 때

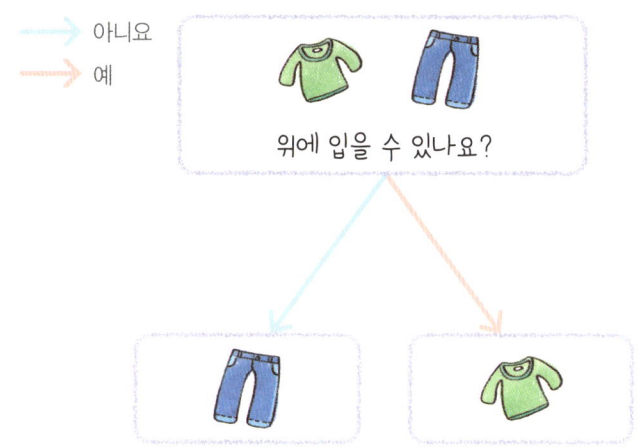

티셔츠는 '예', 바지는 '아니요'에 속하니까
분류할 수 있어.

 분류 기준에 따라 자료를 나누려고 하는데 모두 '예' 또는 모두 '아니요'에 속하게 되면 자료를 분류할 수 없어요. 그러니까 자료를 나누지 못하는 분류 기준은 좋은 분류 기준이라고 할 수 없습니다.

의사결정나무에서
분류 기준은
자료를 나눌 수 있어야 해.

분류 기준에 대해 좀 더 자세히 살펴볼게요. 깨봇은 , , , 를 분류할 수 있어요. 어떤 기준으로 분류한 걸까요?

 깨봇은 이렇게 분류한 거 아닐까?
내가 의사결정나무를 그려 볼게~

→ 아니요
→ 예

다리가 6개인가요?

날 수 있나요?

날개가 투명한가요?

아니면 이렇게 분류한 건 아닐까?
이번에는 내가 의사결정나무를 그려 볼게!

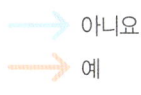

　재희와 유진이의 의사결정나무는 모양이 서로 달라요. 분류 기준이 여러 개이면 어떤 질문을 먼저 하는지에 따라 모양이 다른 의사결정나무가 그려진답니다.

　의사결정나무는 한쪽으로 더 많이 분류할 수 있으면 더 좋은 모양이에요. 왜냐하면 한쪽만 분류하면서 더 쉽게 답을 결정할 수 있기 때문이죠.

의사결정나무를 그릴 때는
자료가 한쪽으로 쏠리도록
분류 기준을 정하는 게 좋겠구나!

'도형'으로 이해 쏙~옥!

의사결정나무를 이용해서 여러 가지 모양을 분류해 볼까요? 모양을 나눌 수 있는 기준을 찾아서 분류해 봐요.

내가 먼저 분류해 볼게~

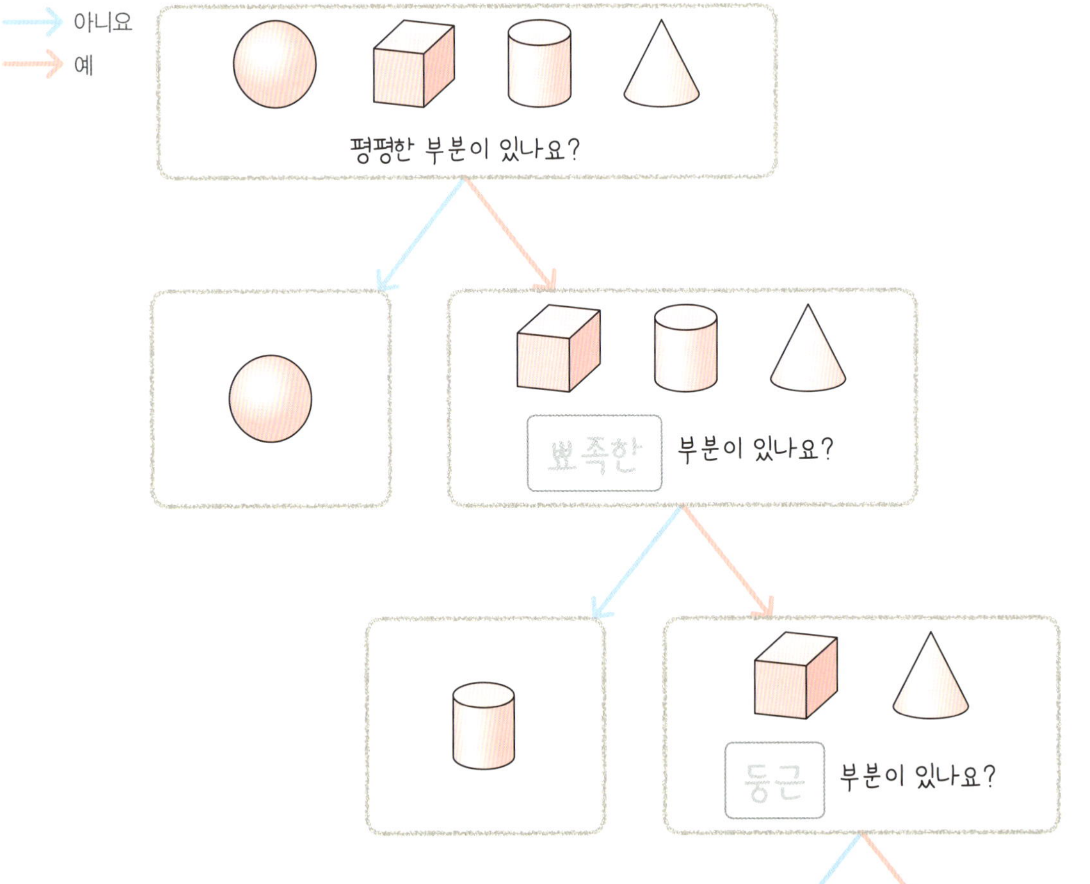

→ 아니요
→ 예

평평한 부분이 있나요?

뾰족한 부분이 있나요?

둥근 부분이 있나요?

분류가 한쪽으로 쏠렸어!

이번에는 내가 다른 방법으로 분류해 볼게~

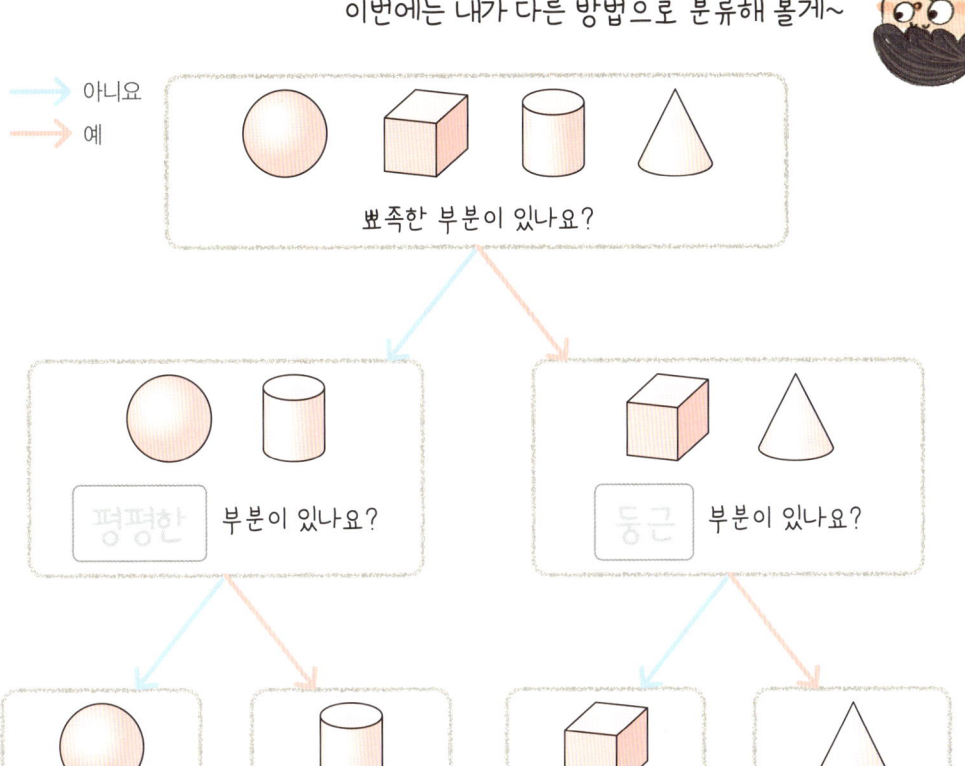

유진이의 의사결정나무는 한쪽으로 쏠려 있네요. 그렇다면 재희의 의사결정나무보다 유진이의 의사결정나무가 더 좋은 의사결정나무랍니다. 재희보다 유진이가 분류 기준의 순서를 더 잘 정했어요.

인공지능! 이렇게 생각하면 쉬워요.

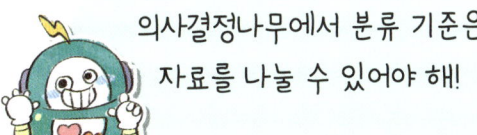

의사결정나무에서 분류 기준은 자료를 나눌 수 있어야 해!

분류 기준이 여러 개이면 한쪽으로 쏠린 모양이 되도록 분류 기준을 정하는 것이 좋겠어~

2학년 분류하기

1 모자를 분류하려고 합니다. 보기와 같이 기준을 정하여 분류해 보세요. 붙임 딱지 1

보기

끈이 있나요?

아니요   예

70쪽 확인하기

1 모자의 특징을 살펴보고 분류 기준을 찾아봅니다.
빨간색인가요? / 털모자인가요? / 챙이 앞에만 있나요? 등
위에서 찾은 기준 중에서 2개를 골라 분류해 볼게요.

털모자인가요?

챙이 앞에만 있나요?

인공지능도 이렇게 '예', '아니요'로
대답할 수 있는 질문을 통해 자료를 분류한답니다.

타교과 및 생활 속 인공지능

1 유진이네 가족은 이번 주말에 가족 여행을 가기로 했어요. 그래서 지금 어디로 갈지 가족회의 중입니다. 유진이네 가족의 대화를 보고 의사결정나무를 그려 어디로 여행을 가면 좋을지 정해 보세요. 붙임 딱지 **1**

- 서울 놀이동산
- 제주도
- 강원도 바다
- 강원도 산

"이 중에서 골라 보자!"

"우리가 사는 서울을 떠나 다른 지역으로 여행을 가고 싶어요!"

"나는 바다가 보고 싶어!"

"나는 강원도로 여행을 가고 싶어요!"

결정이 필요할 때는 의사결정나무로~ 시작해 볼까?

이번 주말 가족 여행은 □로 가요!

72~73쪽 확인하기

1 유진이네 가족이 모두 만족하는 곳으로 여행을 가기 위해서는 다음 기준으로 분류했을 때 모두 '예'에 속하는 장소를 고르면 됩니다.

> 여행지가 서울 이외의 지역인가요?

> 바다를 볼 수 있나요?

> 강원도인가요?

따라서 질문을 하면서 결정할 대상을 좁혀 나가는 의사결정나무를 통해 장소를 정하도록 합니다.

분류 기준이 여러 개라서 의사결정나무는 여러 가지 모양이 나올 수 있어! 하지만 결과는 같을 거야!

→ 아니요
→ 예

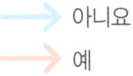   
서울 놀이동산   제주도   강원도 바다   강원도 산

여행지가 서울 이외의 지역인가요?

서울 놀이동산

제주도   강원도 바다   강원도 산

바다를 볼 수 있나요?

강원도 산

제주도   강원도 바다

강원도인가요?

제주도   강원도 바다

이번 주말 가족 여행은 '강원도 바다'로 가요!

의사결정나무로 진찰하는 인공지능

아파서 병원에 갔을 때를 떠올려 볼까요? 우리는 의사 선생님께 아픈 곳은 어디인지, 어떻게 아픈지 등을 이야기합니다. 그럼 의사 선생님께서는 우리가 이야기한 것을 하나씩 점검합니다. 그리고는 어떤 병에 걸렸는지 진단을 내리고, 병이 낫도록 처방을 해 주시죠.

그런데 이렇게 우리의 이야기를 듣고 어떤 병에 걸렸는지 진단을 하고 처방도 해 주는 로봇 의사가 있다는 거 알고 있나요? 인공지능을 가진 로봇 의사는 환자의 증상을 듣고, 수많은 질병 중에서 환자가 어떤 질병에 걸렸는지 찾아갑니다.

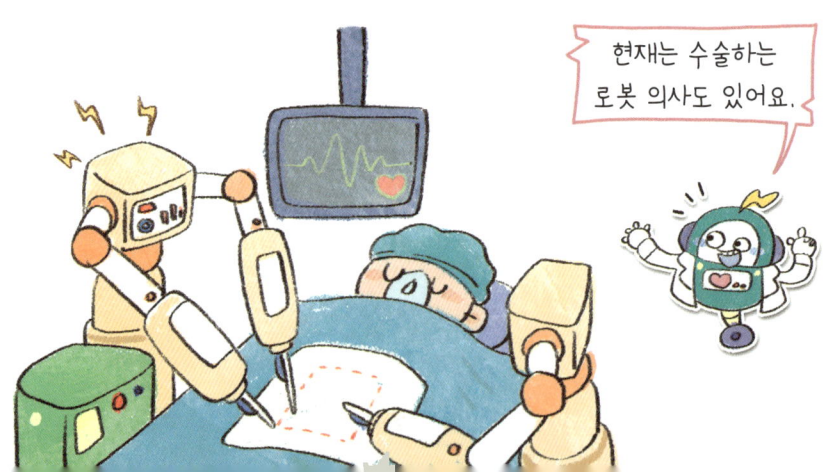

증상을 이야기하면 어떤 병인지 알려 줄게요.

→ 아니요
→ 예

장염 감기 두드러기 불면증 비염 기관지염
고열이 있나요?

두드러기 불면증 비염

장염 감기 기관지염
기침을 하나요?

장염

감기 기관지염
콧물이 나나요?

기관지염

감기

감기에 걸리셨군요.

인공지능 로봇 의사는 위와 같은 방법으로 환자의 증상을 듣고, 증상에 따라 질병의 범위를 좁혀 나가요. 이렇게 해서 환자가 어떤 질병에 걸렸는지 찾아가는 거죠.

인공지능은 내가 원하는 걸 알아요

추천 알고리즘

• 도형으로 이해해요 1학년 여러 가지 모양

추천 알고리즘

혹시, 인터넷에서 동영상을 볼 때 내 마음을 어떻게 알았는지 마음에 쏙 드는 동영상들을 보여 주는 경험을 해 본 적 있나요?

또 물건을 온라인으로 주문할 때 내가 필요한 것들을 보여 주는 경험을 해 본 적 있나요?

이건 모두 인공지능의 기술 중 하나인 **추천 알고리즘** 덕분입니다. 추천 알고리즘이란 원하는 것을 적절하게 소개해 주는 프로그램을 말해요.

생각해 봐요!

★ 생활에서 **추천 알고리즘**을 경험한 적이 있나요?

★ **추천 알고리즘**은 어디에서 활용될까요?

추천 알고리즘의 비밀을 파헤쳐 볼까요 ①

 추천 알고리즘은 사용자가 좋아할 만한 영상이나 물건 등을 예상하여 추천해 주는 인공지능 기술이에요.

 그럼 인공지능은 어떻게 우리가 좋아할 만한 것을 예상하여 추천해 주는 걸까요?

 지금부터 그 비밀을 하나씩 파헤쳐 봅시다.

비슷한 것을 찾아서 추천해 줄게!

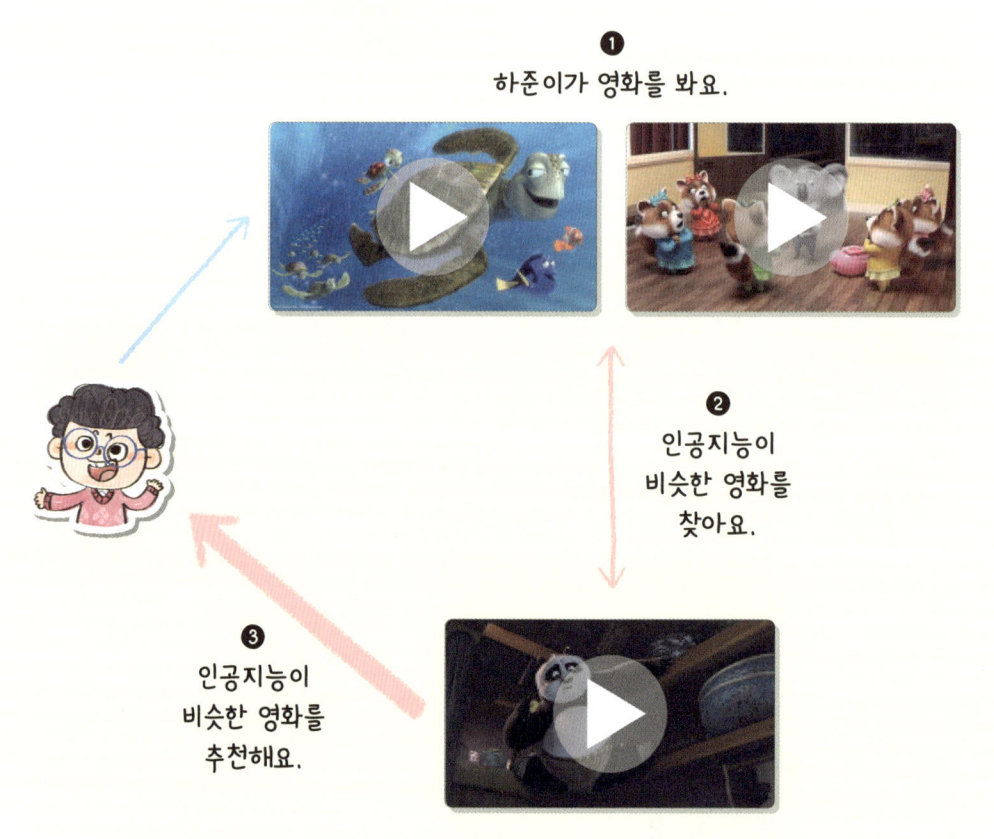

❶ 하준이가 영화를 봐요.
❷ 인공지능이 비슷한 영화를 찾아요.
❸ 인공지능이 비슷한 영화를 추천해요.

첫 번째 비밀은 **내가 자주 선택한 것과 비슷한 것을 추천해 주는 것**입니다.

하준이는 만화 영화를 즐겨 봐요.

이때 인공지능은 하준이가 즐겨 보는 만화 영화의 공통점을 발견해요. 그 공통점은 바로 동물이 나온다라는 거죠.

그리고는 하준이가 좋아할 만한 만화 영화, 즉 동물이 나오는 또 다른 만화 영화를 하준이에게 추천해 줍니다.

선택한 영화의 공통점을
찾는 것이 중요하구나!

그렇지!
다른 사람이 무엇을 좋아하는지 몰라도
네가 즐겨 보는 만화 영화의 특징을 알면
좋아할 만한 만화 영화를
추천해 줄 수 있어!

'도형'으로 이해 쏙~옥!

　인공지능은 내가 선택했던 것들의 공통점을 찾아 내가 좋아할 만한 물건을 추천해 줄 수 있어요.

　가인이가 좋아하는 모양의 물건을 모으고 있네요. 우리가 인공지능이라면 가인이에게 어떤 모양의 물건을 추천해 주면 좋을까요? 지금부터 함께 알아 봅시다.

　가인이가 좋아하는 모양의 물건들은 어떤 공통점이 있나요?

둥글고 길쭉해요.
그리고 기둥 같이 생겼어요!

하준이가 공통점을 잘 찾았네요. 그렇다면 가인이가 좋아할 만한 모양을 찾아 ✔표 해 보세요.

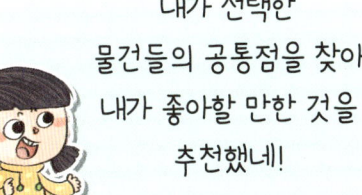

인공지능! 이렇게 생각하면 쉬워요.

내가 선택한
물건들의 공통점을 찾아
내가 좋아할 만한 것을
추천했네!

인공지능도
우리가 선택한 것들의
공통점을 찾아 좋아할 만한
영화나 상품을 추천해 주는 거야!

추천 알고리즘의 비밀을 파헤쳐 볼까요 ②

추천 알고리즘의 첫 번째 비밀은 비슷한 것을 찾아 추천해 주는 것이었습니다.

이번에는 두 번째 비밀을 알아볼까요?

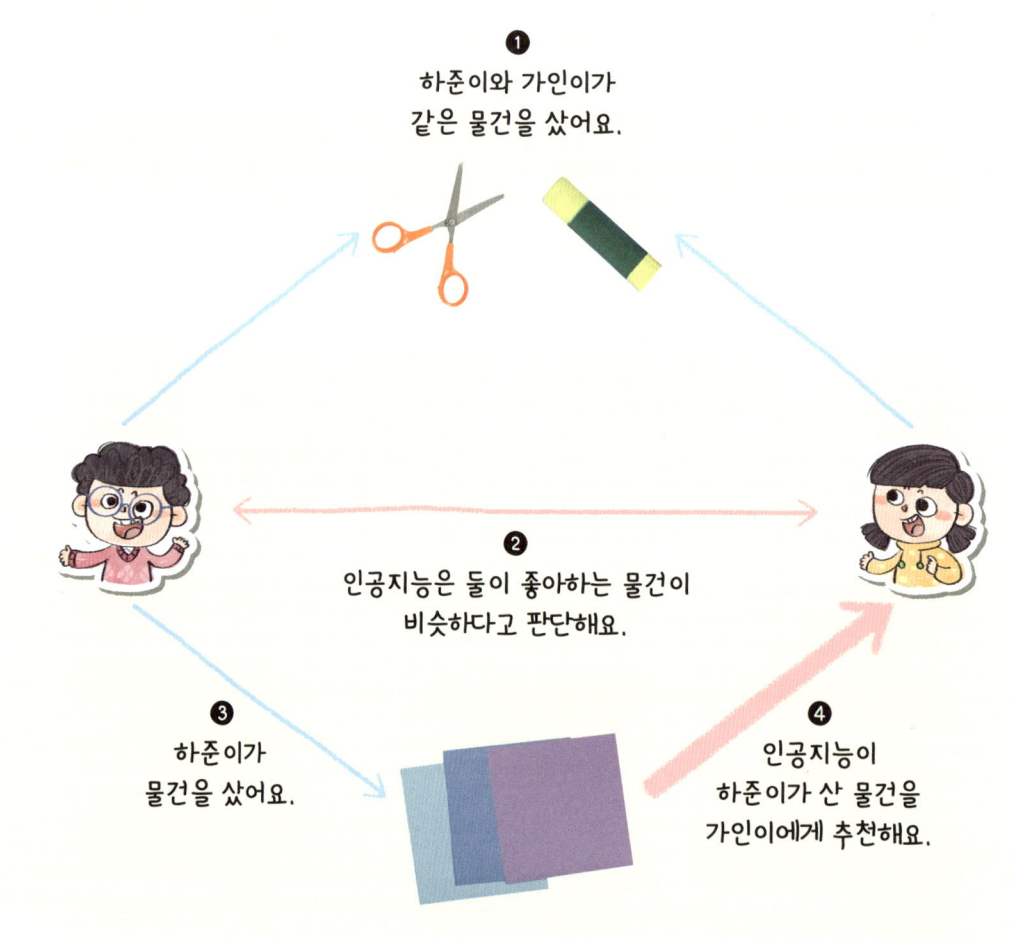

두 번째 비밀은 **나와 좋아하는 것이 비슷한 사람들이 선택했던 것을 추천해 주는 것**입니다.

하준이는 온라인 상점에서 가위와 풀을 샀어요.
그런데 가인이도 온라인 상점에서 똑같이 가위와 풀을 샀어요.
이때 인공지능은 하준이와 가인이를 좋아하는 것이 비슷한 사람이라고 판단합니다.
그래서 하준이가 색종이를 샀다면, 인공지능은 가인이도 색종이를 좋아할 거라 예상하고 색종이를 추천해 줍니다.

이번에는
공통점이 있는 사용자를
찾는 것이 중요하구나!

그렇지!
너에 대해 잘 몰라도
너와 좋아하는 것이
비슷한 사람이 선택한 걸 이용해서
너에게 추천해 줄 수 있거든!

'도형'으로 이해 쏘~옥!

 인공지능은 나와 공통점이 있는 사용자를 찾아 다른 사람이 선택한 걸 보고 내가 좋아할 만한 것을 추천해 줄 수 있어요.

 재희와 하준이가 친구들에게 줄 선물을 포장하기 위해 선물 상자를 골랐어요. 이번에도 인공지능이 되어 볼까요? 인공지능이라면 하준이에게 어떤 선물 상자를 추천해 주면 좋을지 함께 알아봅시다.

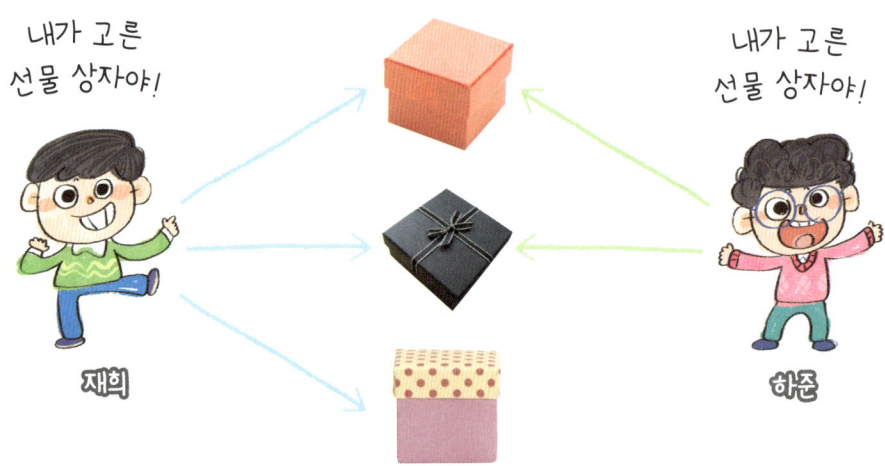

 재희와 하준이가 고른 선물 상자의 모양은 모두 ▨ 모양이에요. 둘은 어떤 모양의 선물 상자를 고른 걸까요?

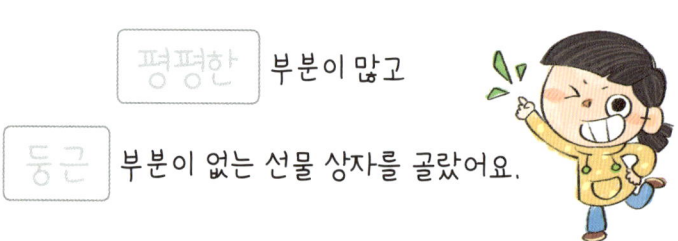

평평한 부분이 많고

둥근 부분이 없는 선물 상자를 골랐어요.

맞아요! 둘은 둥근 부분이 없고, 평평하고 뾰족한 부분이 많은 모양의 선물 상자를 골랐다는 공통점이 있어요. 그런데 재희는 하준이보다 선물 상자를 하나 더 골랐어요. 그렇다면 하준이에게 어떤 선물 상자를 추천해 줄 수 있을까요?

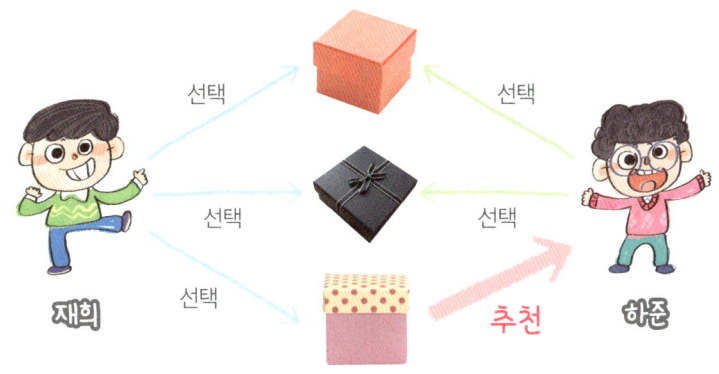

재희가 고른
세 번째 선물 상자를
하준이에게 추천해야지~

인공지능! 이렇게 생각하면 쉬워요.

공통점이 있는 사용자를 찾으면 서로에게 바꿔서 물건을 추천해 줄 수 있구나!

맞아! 좋아하는 것이 비슷하면 추천해 준 영화나 물건이 마음에 들 거야!

교과서 속 인공지능

  1학년 여러 가지 모양

1 같은 모양끼리 선으로 이어 보세요.

   •   •   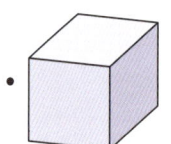   •   •

   •   •   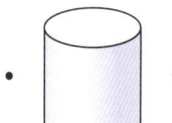   •   •

   •   •      •   •

90쪽 확인하기

1 공통점을 찾아 같은 모양끼리 선으로 이으면 다음과 같습니다.

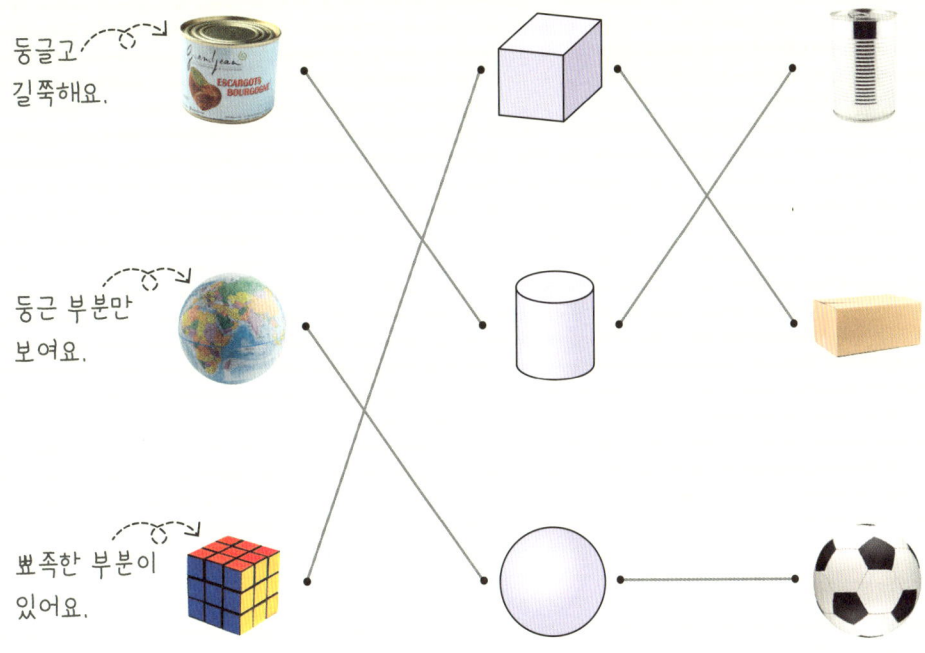

모양을 보고 공통점을 찾아 같은 것끼리 선으로 이었어요.
인공지능도 공통점을 찾아 **추천 알고리즘**을 통해
내가 좋아할 만한 것을 나와 연결해 줘요!

타교과 및 생활 속 인공지능

⭐ 하준, 재희, 유진이가 편의점에서 좋아하는 과자를 사고 나타낸 표입니다. 가인이가 이미 산 과자와 맛이 다른 과자를 하나 더 살 때, 좋아할 만한 과자를 추천해 주고 싶어요. 물음에 답하세요.

	초코맛 과자	떡볶이맛 과자	버터맛 과자	양파맛 과자
하준	O	O	X	O
재희	O	X	O	O
유진	X	O	O	O

O 과자를 샀어요   X 과자를 사지 않았어요

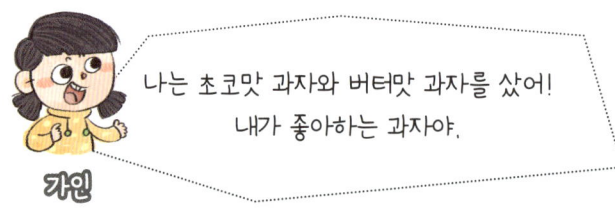

가인: 나는 초코맛 과자와 버터맛 과자를 샀어! 내가 좋아하는 과자야.

1 가인이와 좋아하는 과자의 종류가 가장 비슷한 사람은 누구인가요?

2 가인이에게 어떤 과자를 추천해 주면 좋을까요?

92쪽 확인하기

1 가인이처럼 초코맛 과자와 버터맛 과자를 산 사람은 재희입니다.
따라서 가인이와 좋아하는 과자의 종류가 가장 비슷한 사람은 '재희'입니다.

2 가인이와 좋아하는 과자의 종류가 가장 비슷한 사람은 재희이므로 재희가 산 과자를 살펴봅니다.
재희는 초코맛 과자, 버터맛 과자, 양파맛 과자를 샀습니다.
따라서 가인이에게 '양파맛 과자'를 추천해 줍니다.

추천 알고리즘은 항상 좋을까요

다음은 어느 날 하준이의 일기입니다.

20○○년 ○○월 ○○일

요즘 나는 축구 동영상을 보는 것에 푹 빠져 있다. 한 동영상을 보고 나면 마음에 쏙 드는 또 다른 동영상을 바로 추천해 준다. 추천 알고리즘은 정말 신기하고 대단한 것 같다.

내가 보고 싶은 것을 찾지 않아도 추천해 주는 알고리즘 덕분에 편하긴 한데 나에게 축구만 보도록 하고, 왜인지 점점 스마트폰에서 빠져나올 수가 없다.

오늘도 몇 시간을 축구 동영상에 푹 빠져 있었던 것 같다. 즐거운데 걱정되는 건 왜일까?

하준이의 일기를 읽고 나니 어떤 생각이 드나요?

추천 알고리즘이란 기술은 우리가 취향에 맞는 것을 직접 찾아야 하는 불편함을 덜어 주기 때문에 편리하게 여겨지지만 편리한 만큼 문제점이 생기기도 한답니다.

추천 알고리즘은 우리에게 편리함과 문제점을 동시에 줄 수 있어요. 이를 알고 인공지능을 활용할 때는 항상 올바르게 사용하도록 합시다.

인공지능은 어떻게 학습할까요

지도 학습과 비지도 학습

- 도형으로 이해해요 ②학년 여러 가지 도형
- 자료와 가능성으로 이해해요 ②학년 분류하기

지도 학습과 비지도 학습

　공원에서 어린 꼬마 친구가 나비를 보고 무엇인지 엄마에게 묻고 있네요. 아무래도 나비를 처음 본 친구인가 봐요.
　우리는 세상에 태어나 자라면서 모르는 것을 수없이 만나게 됩니다. 그리고 이때마다 새로운 것을 하나씩 배우게 되죠.

　인공지능은 어떻게 모르는 것을 알게 될까요?

　　　　　인공지능은 원래 모든 것을 알고 있는 거 아닌가?

재희가 깨봇을 학습시키고 있어요.

 이렇게 하나하나 직접 알려 주면서 인공지능을 학습시키는 방법을 **지도 학습**이라고 해요.

생각해 봐요!

★ 인공지능은 호박과 오이를 어떤 방법으로 알 수 있을까요?

★ **지도 학습**은 무엇일까요?

★ **비지도 학습**은 무엇일까요?

지도 학습은 무엇일까요

　인공지능은 어떻게 학습할까요? 지금부터 인공지능의 학습 방법을 함께 알아봅시다.

인공지능도 공부를 하는구나.

　인공지능은 **문제에 알맞은 정답을 알려 주는 방법**으로 학습시킬 수 있습니다. 이 방법을 **지도 학습**이라고 해요.

　재희가 깨봇에게 사자와 다람쥐를 알려 주고 있어요.

이 동물은 사자야.

이 동물은 다람쥐야.

아, 그렇구나!

아, 이 동물이 다람쥐구나.

재희는 깨봇에게 사자와 다람쥐를 확실하게 알려 주고 싶어졌어요. 그래서 여러 장의 사자와 다람쥐 사진을 준비한 뒤 깨봇에게 보여 주었어요.

깨봇은 사진을 보며 사자와 다람쥐의 특징을 알게 되었고, 이제는 어떤 동물이 사자이고 다람쥐인지 더 정확하게 알게 되었어요.

깨봇은 어떻게 학습한 것일까요?

깨봇은 여러 장의 사자와 다람쥐 사진을 보며 사자와 다람쥐의 특징을 알게 되었고, 그래서 사자와 다람쥐의 다른 점을 알고 이들을 구별할 수 있게 된 거예요.

사자는 몸집이 크구나! 그리고…

다람쥐는 몸집이 작구나! 그리고…

아하! 인공지능은 정답을 알려 주면서 학습시킬 수 있구나. 그리고 이걸 **지도 학습**이라고 하는구나.

지도한다는 것은 가르쳐준다는 의미야!

'도형'으로 이해 쏘~옥!

도형의 이름을 전혀 모르는 깨봇!

유진이가 깨봇에게 **지도 학습**을 통해 도형의 이름을 알려 주고 있어요.

도형의 이름을 들은 깨봇은 도형의 특징을 파악했어요.

깨붓은 과자를 모양별로 상자에 담으려고 해요. 상자에 적힌 도형의 이름을 보고 깨붓이 어떻게 담으면 좋을지 알맞은 것끼리 선으로 연결해 볼까요?

이렇게 인공지능이 모르는 게 있다면 정답을 직접 알려 주어 학습시킬 수 있어요. 인공지능도 우리처럼 학습을 많이 하면 할수록 더 똑똑해진답니다.

인공지능! 이렇게 생각하면 쉬워요.

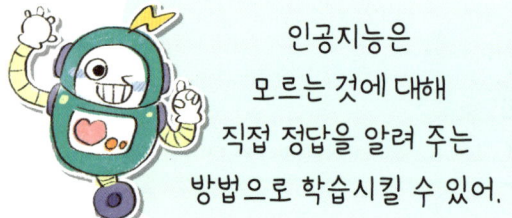

비지도 학습은 무엇일까요

 인공지능의 또 다른 학습 방법으로 비지도 학습이 있습니다. **비지도 학습은 인공지능에게 문제에 대한 정답을 알려 주지 않고 스스로 학습하도록 하는 방법**입니다.

 정답이 없는데 어떻게 학습하냐고요? 어떤 경우에 이런 학습 방법이 사용되는지 함께 알아볼까요?

깨봇!
동물의 특징을 살펴보고 2개의 무리로 나누어 봐.

다리의 수, 활동하는 곳,
날개가 있는지 없는지 등을 알아보고,
2개의 무리로 나누어 봐야지!

나누기 ❶

기준을 정해서 2개의 무리로 나누었어!

다리가 있는 것과 없는 것으로 나누었구나!

나누기 ❷

다른 기준으로도 2개의 무리로 나누어 봤어!

날개가 있는 것과 없는 것으로 나누었구나!

깨봇이 나눈 두 가지 결과 중에서 어느 것이 정답일까요?

둘다 맞는 거 같은데…

맞아요. 둘다 맞는 거예요. 정답이 정해져 있는 것이 아니랍니다.

그렇다면 깨봇은 이때 어떻게 학습을 하는 걸까요?
깨봇은 주어진 자료의 특징을 찾아 스스로 비슷한 것끼리 묶으면서 학습하는 거예요.
이때 결과가 여러 가지로 나올 수 있는데 우리가 그중에서 필요에 따라 가장 알맞은 것을 골라 사용하면 돼요.

아하! 인공지능은 정답이 없는 문제를 스스로 해결하면서 학습할 수 있구나.
그리고 이걸 **비지도 학습**이라고 하는구나.

'분류하기'로 이해 쏘~옥!

재희가 **비지도 학습**을 통해 깨봇을 학습시키려고 해요. 어떻게 학습시키는지 함께 살펴봅시다.

깨봇! 자석을 살펴보고 3개의 무리로 나누어 볼래?

깨봇은 자석의 모양, 색깔, 크기 등을 관찰했어요. 그리고는 자석을 옮겨 붙여 3개의 무리로 나누었어요.

기준은 색깔!

 깨봇! 다른 기준으로 3개의 무리로 한 번 더 나누어 볼래?

깨봇은 다시 자석을 옮겨 붙이며 다르게 무리 짓기 했어요.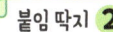

기준은 모양!

재희는 원 모양의 자석만 냉장고에 옮겨 붙이려고 해요. 그래서 깨봇이 모양에 따라 무리 지어 놓은 것을 보고 쉽게 자석을 골라 사용했어요.

이처럼 사람은 인공지능이 비지도 학습을 통해 제공하는 결과 중에서 필요에 따라 알맞은 결과를 골라 사용한답니다.

인공지능! 이렇게 생각하면 쉬워요.

정답이 정해져 있지 않은 경우에 인공지능은 특징을 스스로 파악하여 비슷한 것끼리 무리 짓는구나!

맞아! 이렇게 인공지능이 스스로 학습하는 방법을 <mark>비지도 학습</mark>이라고 해!

교과서 속 인공지능

1 2학년 여러 가지 도형

재희와 유진이의 설명을 읽고, 그림에서 찾을 수 있는 도형의 이름을 써 보세요.

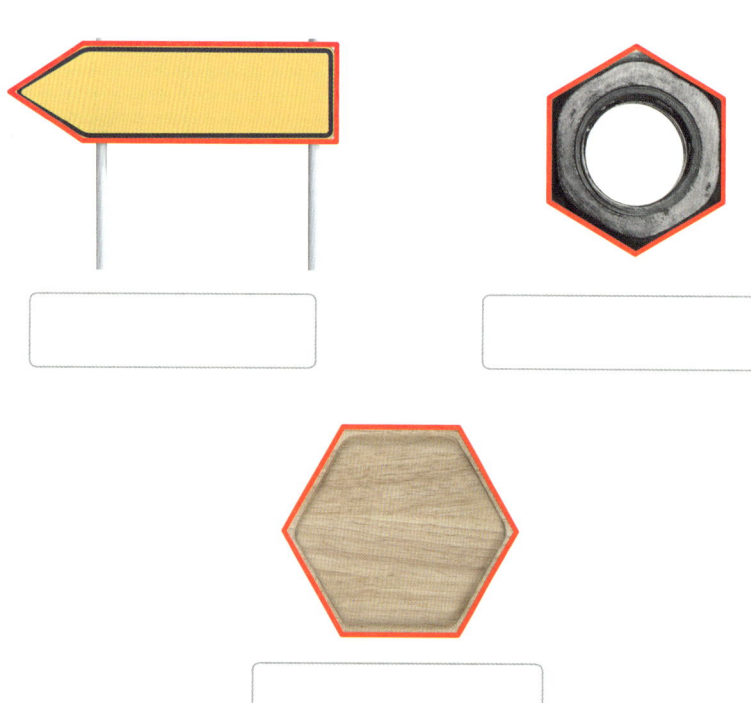

2학년 분류하기

2 하준이가 만든 과자입니다. 기준을 정하여 분류해 보세요.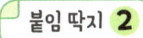

분류 기준 ❶

분류 기준 ❷

110~111쪽 확인하기

1. ⬠, ⌂ 와 같은 모양의 도형이 오각형이므로, 오각형은 변과 꼭짓점이 각각 5개입니다.

   ⬡, ⬡ 와 같은 모양의 도형이 육각형이므로, 육각형은 변과 꼭짓점이 각각 6개입니다.

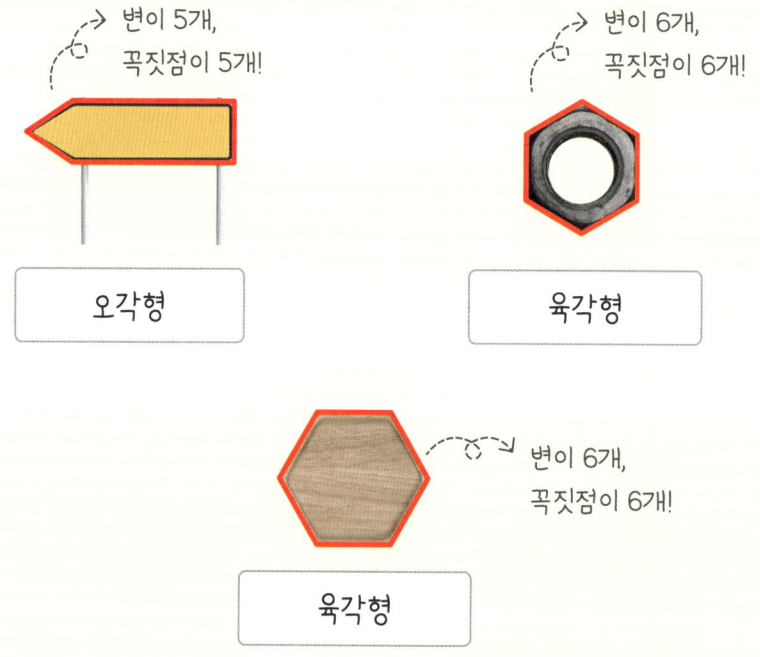

우리는 도형의 변이나 꼭짓점의 수에 따라 도형의 이름을 부르기로 약속했어요.
우리가 정한 약속에 따라 도형의 이름을 부르는 것처럼
인공지능도 약속한 것을 알려 주면
그대로 학습하여 사용한답니다.

2 과자의 색깔, 모양, 크기 등의 특징을 살펴보고 기준을 정하여 분류합니다.

특징을 살피고 분류했나요?
우리가 많은 과자를 보고 분류한 것처럼
인공지능도 주어진 자료의 특징을 살피고 분류하면서
스스로 학습한답니다.

지도 학습과 비지도 학습은 이렇게 이용돼요

지도 학습과 비지도 학습을 이용한 인공지능 기술은 우리 주변에서 쉽게 찾을 수 있어요. 어떤 경우가 있는지 함께 알아봅시다.

지도 학습이 이용된 경우예요.

❇ 날씨 예보 ❇

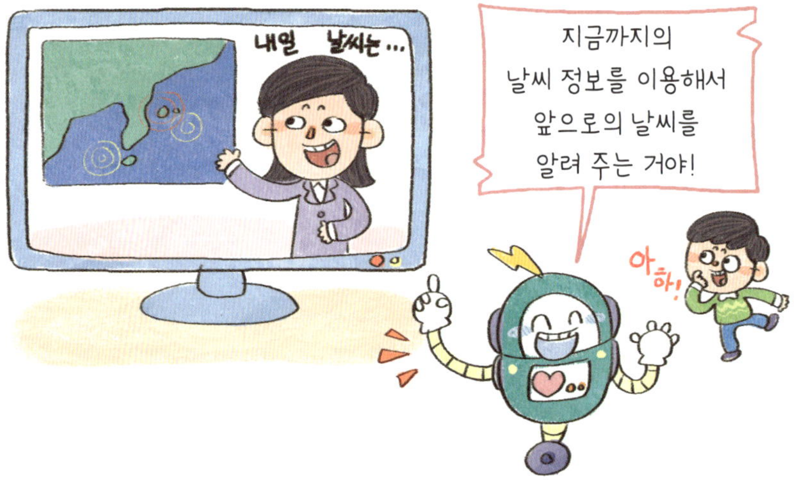

지금까지의 날씨 정보를 이용해서 앞으로의 날씨를 알려 주는 거야!

❇ 스팸 문자 차단 ❇

스팸 문자로 등록해 놓으면 다음에는 자동으로 차단돼!

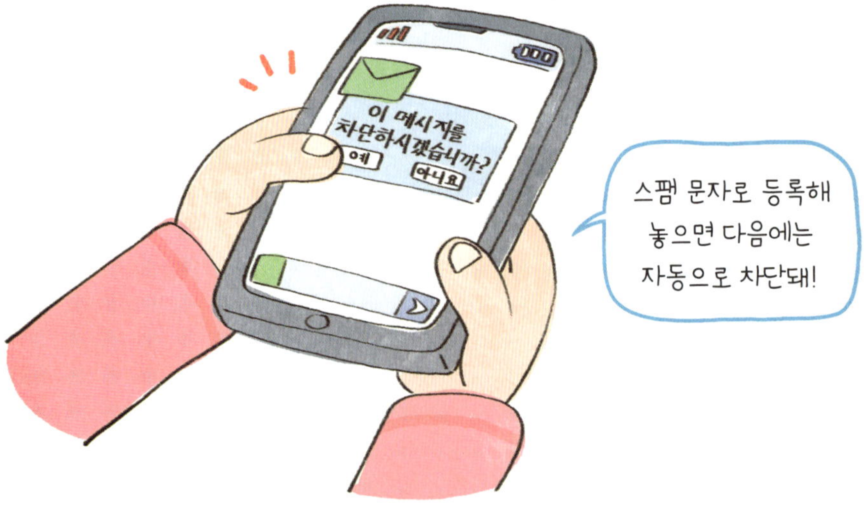

비지도 학습이 이용된 경우예요.

차례차례
순서를 정해요

정렬

- 수로 이해해요 **1학년** 100까지의 수
- 측정으로 이해해요 **1학년** 비교하기

정렬

짱봇과 친구들이 키 순서대로 줄을 서고 있네요. 키가 크면 뒤로 가는 방법으로 말이죠. 이렇게 **어떤 자료를 일정한 순서로 놓는 것**을 **정렬**이라고 한답니다.

어렵지 않아요! 아래 그림을 볼까요? 친구들이 수가 적힌 깃발을 들고 있네요. 수의 순서대로 학생들을 세워 볼게요.

깃발에 적힌 수의 순서대로 세우기

이게 바로 정렬이랍니다!

생각해 봐요!

★ 수를 순서대로 놓아 본 적이 있나요?
★ 인공지능은 수를 어떻게 순서대로 놓을까요?

인공지능은 정렬을 어떻게 할까요 ①

정렬은 **자료를 일정한 순서로 놓는 것**이라고 했어요. 인공지능은 어떤 방법으로 정렬을 할까요? 마침 인공지능 로봇인 우리의 친구 깨봇이 정렬을 하려고 해요.

깨봇은 어떤 방법으로 정렬할까요?

깨봇이 생각한 방법은 **이웃한 두 수의 크기를 비교하여 더 큰 수를 뒤로 보내는 방법**이랍니다.

첫 번째와 두 번째에 놓인 두 수의 크기를 비교하는 깨봇!

7과 3 중에서 더 큰 수는 7이에요. 그래서 7을 뒤로 보냈어요.

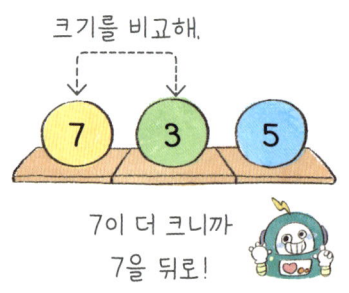

이어서 깨봇은 두 번째와 세 번째에 놓인 두 수의 크기를 비교했어요. 7과 5 중에서 더 큰 수는 7이라서 이번에도 7을 뒤로 보냈어요.

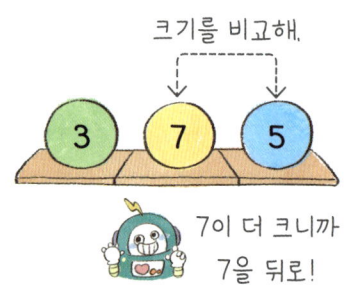

공의 위치가 처음과 바뀌어 깨봇은 다시 처음부터 두 수의 크기를 비교하기로 했어요.

그래서 3과 5의 크기를 비교했지요. 그런데 이번에는 공의 자리가 바뀌지 않았어요.

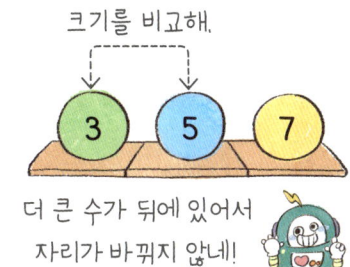

이어서 5와 7의 크기를 비교해도 공의 자리는 바뀌지 않았어요.

깨봇은 이렇게 수가 적힌 공을 정렬할 수 있었답니다.

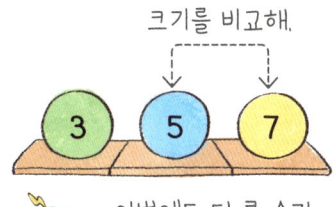
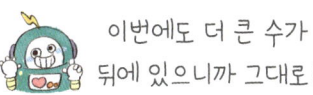

아하! 인공지능은
이웃한 두 수의 크기를 비교하면서
더 큰 수를 뒤로 보내는 방법으로
수를 순서대로 놓는구나!

'수의 크기 비교하기'로 이해 쏘~옥!

 깨봇이 친구들을 줄 세우려고 해요. 어떤 방법으로 친구들을 세우는지 그 과정을 살펴보며 인공지능이 수를 정렬시키는 방법을 이해해 봅시다.

 등번호가 작은 친구부터 순서대로 세울게~!

처음 두 수의 크기를
비교하면
9가 더 크니까
9를 뒤로~

그런 다음
9와 7의 크기를
비교하면
9가 더 크니까
또 9를 뒤로~

8과 7의 크기를
비교하면
8이 더 크니까
8을 뒤로~

8과 9의 크기를
비교하면
9가 더 크니까
그대로!

이번에는 여러분이 인공지능이라고 생각한 다음 깨봇과 같은 방법으로 수의 크기를 비교하며 작은 수부터 순서대로 놓아 보세요.

이웃한 두 수의 크기를 비교하며 더 큰 수를 뒤로~

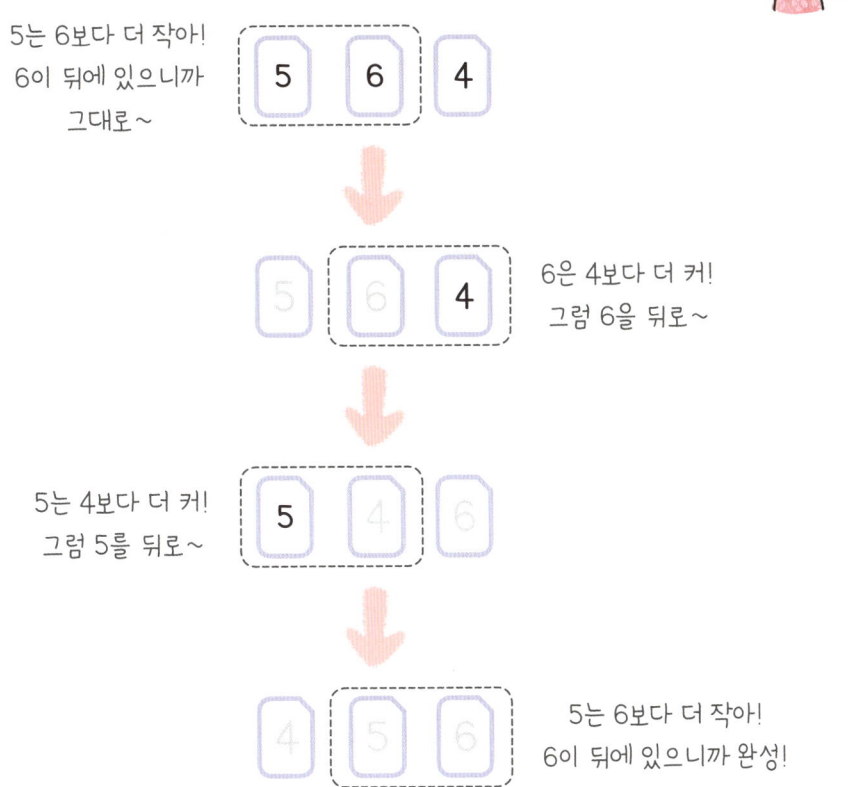

5는 6보다 더 작아!
6이 뒤에 있으니까
그대로~

6은 4보다 더 커!
그럼 6을 뒤로~

5는 4보다 더 커!
그럼 5를 뒤로~

5는 6보다 더 작아!
6이 뒤에 있으니까 완성!

인공지능! 이렇게 생각하면 쉬워요.

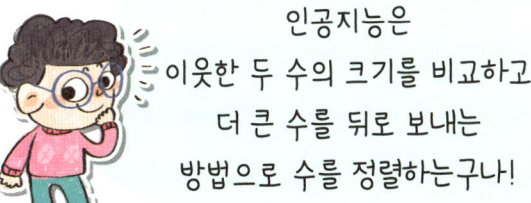

인공지능은
이웃한 두 수의 크기를 비교하고
더 큰 수를 뒤로 보내는
방법으로 수를 정렬하는구나!

맞아! 그런데 인공지능은
사람과 달리 한 번에
두 수만 비교할 수 있어.

인공지능은 정렬을 어떻게 할까요 ②

짱봇이 정렬을 하려고 해요.

짱봇은 어떤 방법으로 정렬할까요?

짱봇이 생각한 방법은 **가장 작은 수를 찾아 맨 앞의 수와 자리를 바꾸는 방법**이랍니다. 이때 가장 작은 수는 수를 둘씩 짝을 지어 크기를 여러 번 비교하여 찾는답니다.

4, 8, 2, 3 중에서 가장 작은 수를 찾는 짱봇! 수를 둘씩 짝을 지어 크기를 비교하고 있네요. 짱봇이 찾아낸 가장 작은 수는 2예요.

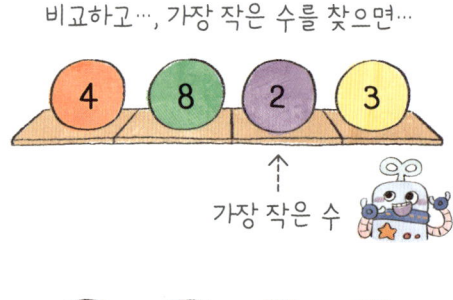

짱봇은 가장 작은 수 2가 적힌 공을 맨 앞의 공과 자리를 바꿨어요.

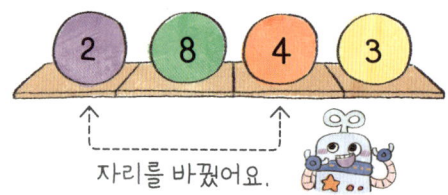

맨 앞에 놓은 수는 빼고, 8, 4, 3 중에서 가장 작은 수를 찾는 짱봇! 이번에도 둘씩 짝을 지어 수의 크기를 비교하고 있네요. 8, 4, 3 중에서 가장 작은 수는 3이에요.

8과 4, 8과 3의 크기를 비교하고…, 가장 작은 수를 찾으면…

가장 작은 수

짱봇은 가장 작은 수 3이 적힌 공을 두 번째에 놓인 공과 자리를 바꿨어요.

같은 방법으로 수의 크기를 비교하여 짱봇은 작은 수가 적힌 공부터 순서대로 놓을 수 있었어요.

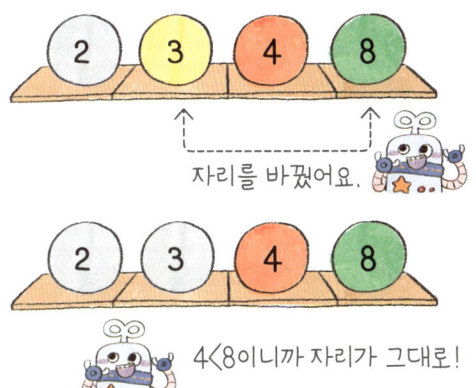

자리를 바꿨어요.

4<8이니까 자리가 그대로!

나와 같은 인공지능은 가장 작은 수를 찾아 맨 앞의 수와 자리를 바꾸면서 수를 순서대로 놓을 수 있어!

나는 바로 순서대로 놓을 수 있을 거 같은데… 내가 더 똑똑한 거 같아!

'키 비교하기'로 이해 쏘~옥!

 동물의 키를 비교하며 인공지능이 정렬을 하는 두 번째 방법을 다시 생각해 볼까요?

 짱봇이 키가 작은 동물부터 순서대로 줄을 세우려고 해요. 어떤 방법으로 동물을 세우는지 함께 살펴봐요!

 키가 작은 동물부터 순서대로 세워야지~!

둘씩 비교해서
키가 가장 작은 동물을 찾으면 거북!

자리를 바꿔요.

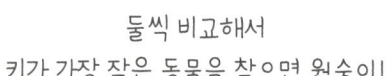

둘씩 비교해서
키가 가장 작은 동물을 찾으면 원숭이!

자리를 바꾸지 않아요.

키가 더 작은 동물을 찾으면 하마!

자리를 바꿔요.

이번에는 우리가 짱봇과 같은 방법으로 키가 작은 동물부터 순서대로 줄을 세워 봅시다. 붙임 딱지 ③

키가 가장 작은 동물을 찾을 때는 인공지능처럼 둘씩 비교해야지!

둘씩 비교해서
키가 가장 작은 동물을 찾으면 다람쥐!

자리를 바꿔요.

둘씩 비교해서
키가 가장 작은 동물을 찾으면 토끼!

다람쥐

자리를 바꿔요.

인공지능! 이렇게 생각하면 쉬워요.

인공지능은 가장 작은 수를 찾아 맨 앞의 수와 자리를 바꾸는 방법으로 수를 정렬하는구나!

맞아! 이때 가장 작은 수는 두 수씩 크기를 비교하면서 찾지!

1 1학년 100까지의 수

가인이네 반은 VR* 생존 수영 수업 중입니다. 가인, 하준, 유진이가 물속에서 숨 참기 한 시간은 다음과 같습니다. 숨 참기 한 시간이 짧은 순서대로 이름을 써 보세요.

숨 참기 한 시간이 짧은 순서대로 이름을 쓰면
☐ , ☐ , ☐ 입니다.

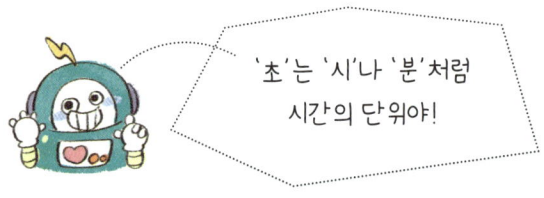

'초'는 '시'나 '분'처럼 시간의 단위야!

* VR(브이아르) 현실이 아닌데도 실제처럼 생각하고 보이게 하는 현실

2 (1학년) 비교하기

짱봇이 볼펜, 크레파스, 연필을 길이가 짧은 것부터 차례대로 놓으려고 합니다. 어떤 순서대로 놓으면 되는지 써 보세요.

☐, ☐, ☐의

순서대로 놓으면 됩니다.

130~131쪽 확인하기

1 120~121쪽에서 깨봇이 했던 정렬 방법으로 문제를 해결해 볼게요.

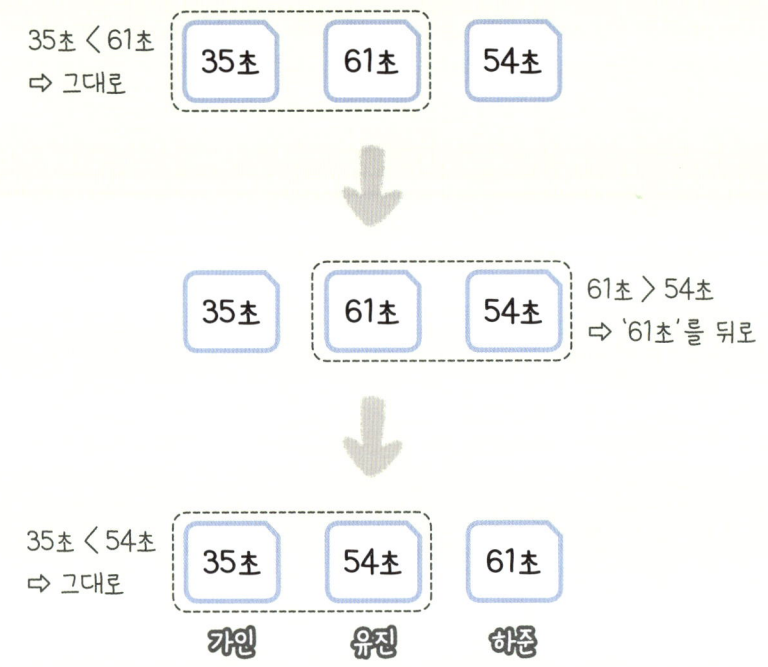

따라서 숨 참기 한 시간이 짧은 순서대로 이름을 쓰면 가인, 유진, 하준입니다.

> 이웃하고 있는 두 시간의 길이를 비교하여
> 더 긴 시간을 뒤로 보내면서 정렬하는 방법!
> 인공지능은 이렇게 정렬을 한답니다.

2 124~125쪽에서 짱봇이 했던 정렬 방법으로 문제를 해결해 볼게요.

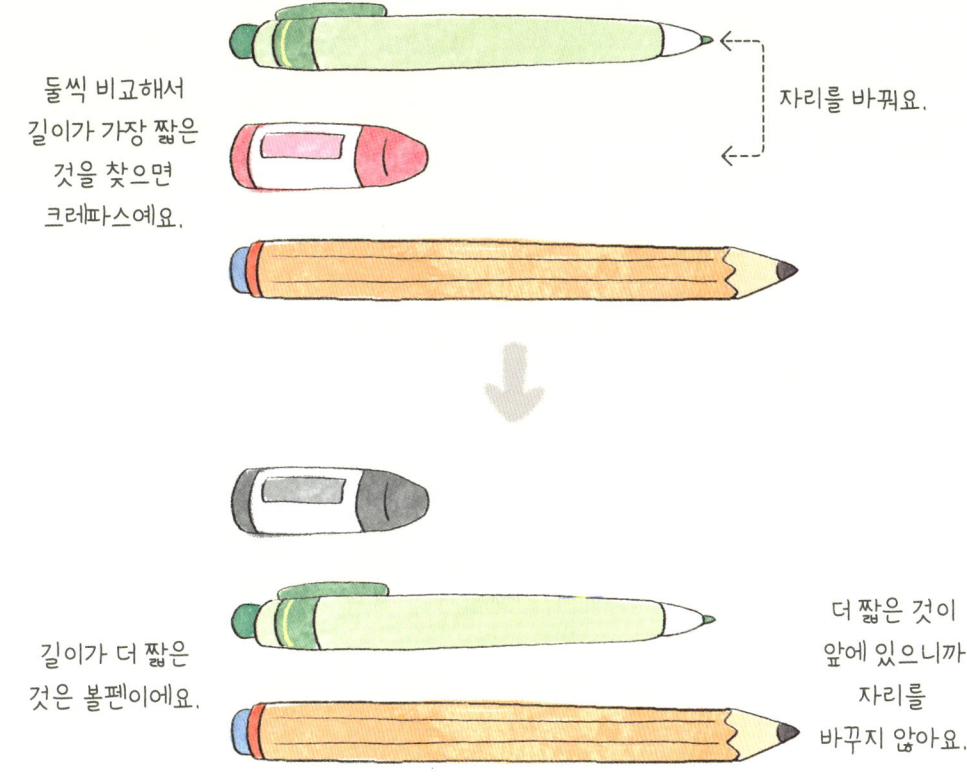

따라서 필통 안에는 크레파스, 볼펜, 연필의 순서대로 놓으면 됩니다.

길이가 가장 짧은 것을 찾아
맨 앞의 물건과 자리를 바꾸면서 정렬하는 방법!
인공지능의 정렬 방법이 이해가 잘되었나요?

타교과 및 생활 속 인공지능

☆ 하준이가 친구들과 도미노 놀이를 하려고 합니다. 높이가 낮은 막대부터 순서대로 놓으려고 해요. 물음에 답하세요.

1 하준이가 말한 방법으로 막대를 정렬하여 높이가 낮은 막대부터 순서대로 놓아 보세요. 〔붙임 딱지 ❸〕

 120~121쪽에서 깨봇이 했던 방법으로 순서대로 놓아야지!

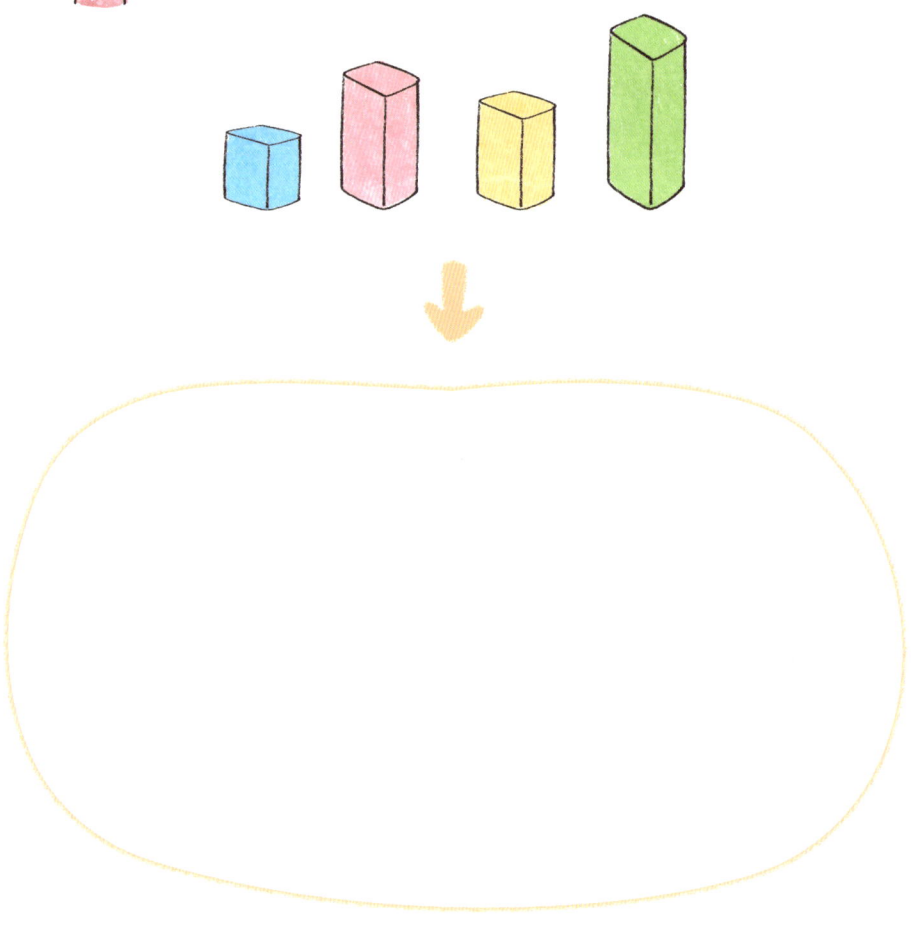

2 가인이가 말한 방법으로 막대를 정렬하여 높이가 낮은 막대부터 순서대로 놓아 보세요. 붙임 딱지 ❸

124~125쪽에서 짱봇이 했던 방법으로 순서대로 놓아야지!

134~135쪽 확인하기

1 120~121쪽에서 깨봇이 했던 방법으로 정렬하면 다음과 같습니다.

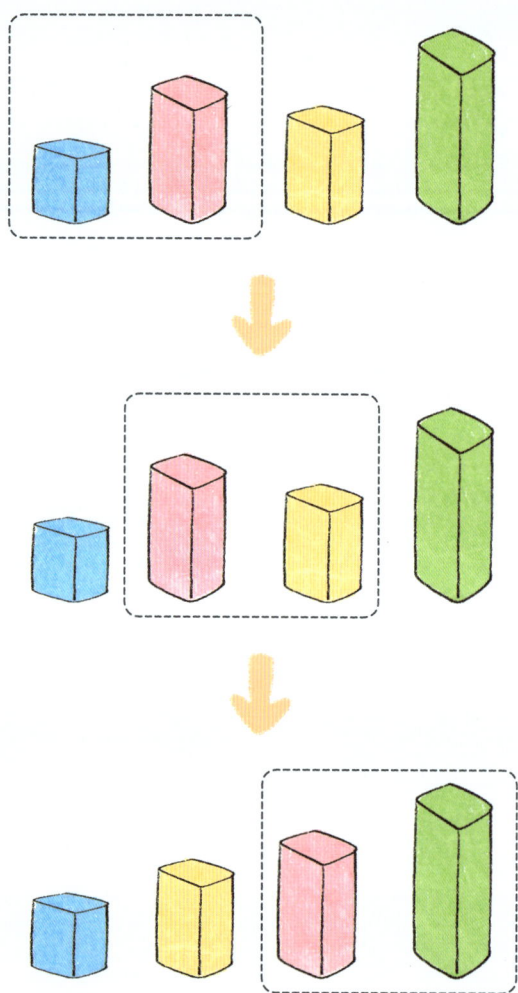

이후 다시 처음부터 2개씩 높이를 비교하여도 결과는 위와 같습니다.

2 124~125쪽에서 짱봇이 했던 방법으로 정렬하면 다음과 같습니다.

둘씩 비교해서 높이가 가장 낮은 것을 찾으면 파란색 막대예요.

높이가 가장 낮은 것이 맨 앞에 있으니까 자리를 바꾸지 않아요.

둘씩 비교해서 높이가 가장 낮은 것을 찾으면 노란색 막대예요.

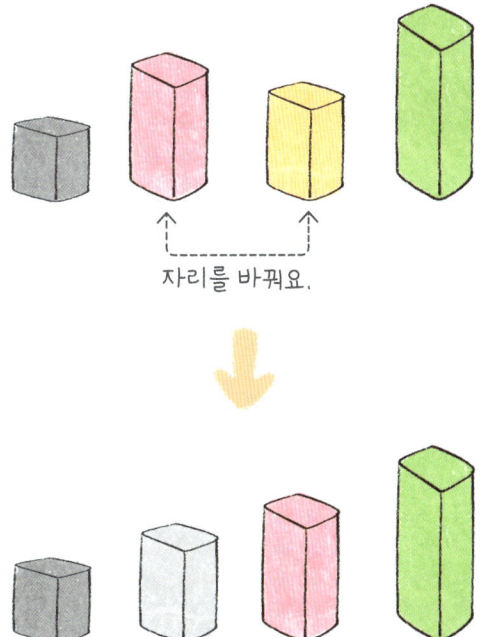

자리를 바꿔요.

더 낮은 것이 앞에 있으니까
자리를 바꾸지 않아요.

인공지능에게 정렬이 필요한 이유

정렬하면 어떤 점이 좋을까요?

도서관에 있는 책들이 일정한 기준 없이 아무렇게나 꽂혀 있다면 어떨까요? 또 국어사전에 실린 낱말들이 책을 만든 사람이 생각나는 대로 실은 거라면 어떨까요?

아마 우리가 찾고 싶은 책이나 낱말을 찾는 데 오랜 시간이 걸릴 거예요.

인공지능이 많은 양의 자료 중에서 필요한 자료를 찾을 때를 생각해 봅시다. 아마 인간보다 빨리 필요한 자료를 찾을 수는 있지만 확인해야 할 자료가 많으면 많을수록 시간이 오래 걸릴 수밖에 없을 거예요.

　이때 확인할 자료도 많은데 이 자료들이 뒤죽박죽 섞여 있다면 어떨까요? 당연히 시간이 더 오래 걸리겠죠?

　하지만 많은 자료들이 크기 순서대로 잘 정리되어 있거나 가나다순으로 정리되어 있다면 원하는 자료를 보다 빨리 찾을 수 있을 거예요. 이게 바로 정렬이 필요한 이유랍니다.

많은 자료라도 정렬해 놓으면 필요한 자료를 빨리 찾을 수 있어!

인공지능은 빠르게 찾을 수 있어요

이진 탐색

• 수로 이해해요 1학년 100까지의 수

이진 탐색

재희, 유진, 깨봇이 놀이를 하고 있어요. 재희가 1부터 9까지의 수 중에서 하나를 생각하면 생각한 수를 알아맞히는 놀이랍니다. 먼저 재희가 생각한 수를 유진이가 맞히고 있네요.

이번에는 깨봇이 재희가 생각한 수를 맞히고 있어요.

깨봇이 유진이보다 빠르게 맞혔네요. 깨봇은 어떤 방법으로 재희가 생각한 수를 알아맞힌 걸까요? 깨봇이 사용한 방법은 재희가 생각한 수가 자기가 말한 수보다 더 큰지 작은지와 같이 2가지 경우 중에서 어디에 해당하는지 확인하면서 재희가 생각한 수를 찾아가는 방법이었어요.

이 방법은 인공지능이 필요한 자료를 빠르게 찾는 방법으로 **이진 탐색**이라고 해요.

생각해 봐요!

★ **이진 탐색**은 무엇일까요?
★ **이진 탐색**을 사용하면 어떤 점이 좋을까요?

이진 탐색의 원리를 알아볼까요

인공지능은 아주 많은 자료 중에서 우리가 원하는 자료를 빠르게 찾아 줍니다. 인공지능은 어떤 방법으로 자료를 찾는 걸까요?

 궁금하네.

인공지능이 빠르게 자료를 찾는 방법으로 '이진 탐색'이란 것이 있어요.

이진 탐색이란 **자료가 순서대로 정리되어 있을 때, 자료를 반씩 줄여 가며 원하는 자료를 찾는 방법**입니다. 바로 앞에서 깨봇이 재희가 생각한 수를 찾아낸 방법이죠.

어렵다고요? 다행히도 재희와 깨봇이 아직 수 알아맞히기 놀이를 하고 있어요. 둘의 놀이를 좀 더 살펴보며 이진 탐색에 대해 이해해 봅시다.

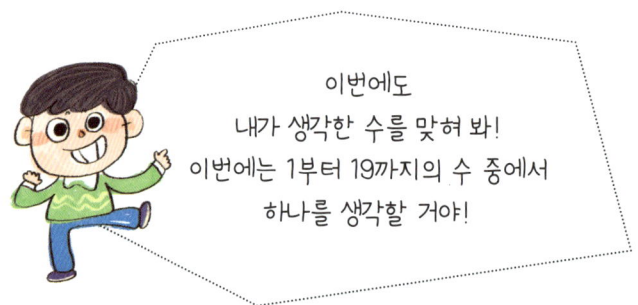

재희가 생각한 수

| 1 | 2 | 3 | 4 | 5 | 6 | 7 | 8 | 9 | 10 | 11 | 12 | 13 | 14 | 15 | 16 | 17 | 18 | 19 |

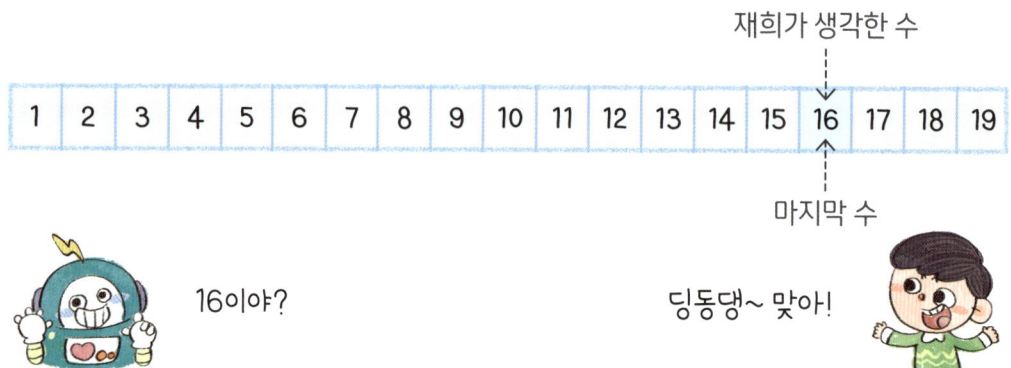

깨봇이 이번에도 재희가 생각한 수가 무엇인지 빠르게 잘 알아맞혔어요. 어떤 방법으로 찾은 걸까요?

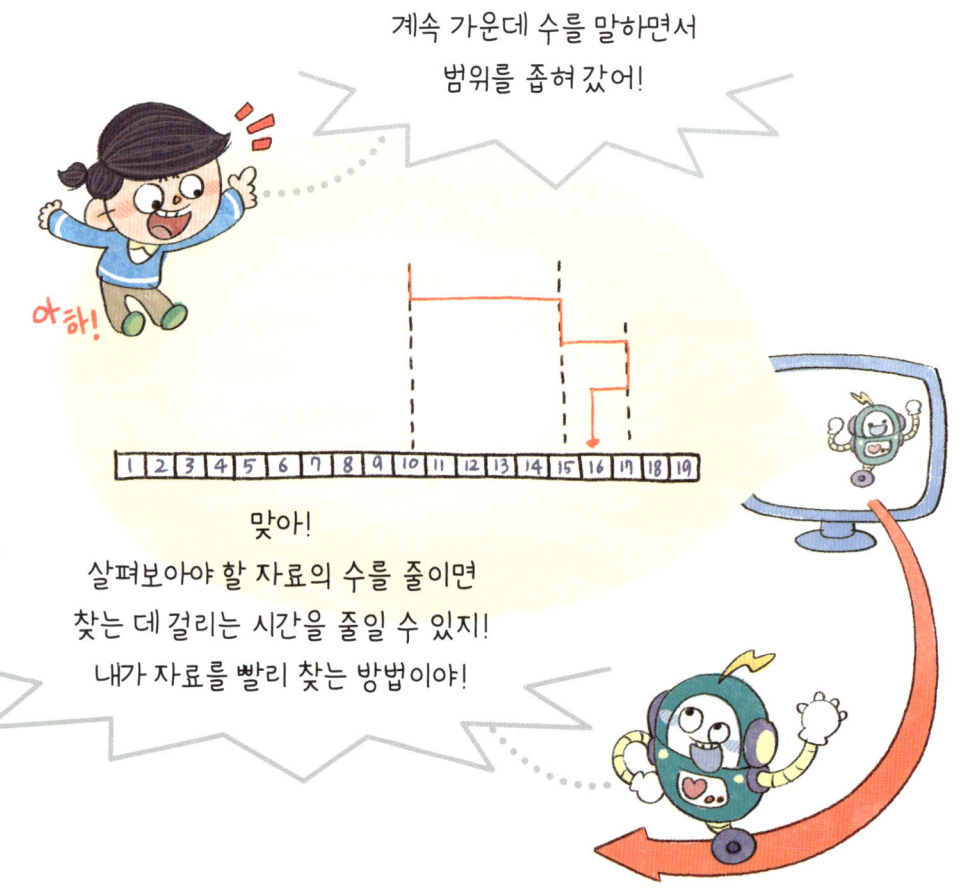

'수의 크기'를 비교하며 이해 쏘~옥!

1학년에서는 99까지의 수의 크기를 비교하는 방법으로 다음과 같이 배웁니다.

> • 10개씩 묶음의 수가 다르면 10개씩 묶음의 수가 큰 쪽이 더 큽니다.
> • 10개씩 묶음의 수가 같으면 낱개의 수가 큰 쪽이 더 큽니다.

수의 크기를 비교하는 방법을 떠올리며 인공지능이 자료를 빠르게 찾는 방법인 **이진 탐색**으로 유진이가 생각한 수를 함께 찾아 봐요.

순서대로 정리되어 있는 수 중에서 내가 하나를 고를 테니 어떤 수인지 맞혀 봐!

| 2 | 9 | 12 | 25 | 33 | 57 | 80 |

가운데 수를 찾고, 네가 고른 수가 가운데 수보다 더 큰지 작은지 비교하면 빠르게 찾을 수 있어!

유진이가 순서대로 정리되어 있는 수 중에서 고른 수는 12였어요!

　이진 탐색은 많은 자료 중에서 필요한 자료를 빠르게 찾을 수 있다는 장점이 있어요. 하지만 반드시 순서대로 정리되어 있는 자료에서만 사용이 가능하다는 단점도 있지요.

인공지능! 이렇게 생각하면 쉬워요.

1 1학년 100까지의 수

◯ 안에 >, <를 알맞게 써넣으세요.

60 70   34 31

2 1학년 100까지의 수

보기에서 설명하는 수를 모두 찾아 써 보세요.

보기
- 30보다 큽니다.
- 52보다 작습니다.

14 29 38 50 72

150쪽 확인하기

1
- 60과 70의 10개씩 묶음의 수를 비교하면 6<7입니다.
  따라서 60은 70보다 작습니다. → 60<70
- 34와 31의 10개씩 묶음의 수는 같으므로 낱개의 수를 비교하면 4>1입니다.
  따라서 34는 31보다 큽니다. → 34>31

2

14　29　38　50　72

주어진 수 중에서 30보다 큰 수는 38, 50, 72입니다.
38, 50, 72 중에서 52보다 작은 수는 38, 50입니다.
따라서 보기 에서 설명하는 수를 모두 찾으면 38, 50입니다.

> 인공지능이 자료를 빠르게 검색하는 **이진 탐색**은
> 수의 크고 작음을 비교하며
> 탐색해야 할 자료의 범위를 좁혀 나가는 방법이에요!

타교과 및 생활 속 인공지능

⭐ 유진이와 재희의 대화를 보고 물음에 답하세요.

1. 재희는 이진 탐색 방법을 이용하여 유진이가 읽은 마지막 쪽수를 빠르게 맞히려고 합니다. 유진이가 읽고 있는 책의 전체 쪽수는 100쪽입니다. 재희가 처음에 말해야 하는 쪽수는 몇 쪽일까요?

내가 쪽수를 하나 골라서 말할 테니
네가 읽은 마지막 쪽수가 더 큰지 작은지 말해 줘~

☐ 쪽!

2. 위 1에서 재희가 말한 쪽수를 듣고 유진이는 작다고 답했습니다. 유진이의 답을 듣고 재희는 다시 쪽수를 하나 골라 말했어요. 계속해서 이진 탐색 방법을 이용하고 있다면 재희는 몇 쪽을 말했을까요?

152~153쪽 확인하기

1 이진 탐색은 가운데 수를 찾고, 찾고자 하는 값이 가운데 수보다 더 큰지 작은지 비교하면서 원하는 값을 찾아가는 방법입니다. 따라서 가운데 수를 잘 찾는 것이 중요합니다.

1부터 10까지의 수가 있을 때를 생각해 봅시다.

1	2	3	4	5	6	7	8	9	10

가운데 수는 5 또는 6이 되는데 이럴 때는 선택하고 싶은 수 하나를 골라 탐색을 이어 나가면 됩니다. 그렇다면 1부터 100까지의 수가 있을 때 첫 번째로 선택해야 할 수는 무엇일까요?

1	2	3	…	48	49	50	51	52	53	…	98	99	100

가운데 수 50 또는 51 중에서 하나를 골라 말하면 됩니다. 이렇게 말이죠.

내가 쪽수를 하나 골라서 말할 테니
네가 읽은 마지막 쪽수가 더 큰지 작은지 말해 줘~
50쪽!

또는

내가 쪽수를 하나 골라서 말할 테니
네가 읽은 마지막 쪽수가 더 큰지 작은지 말해 줘~
51쪽!

2 재희가 말한 쪽수를 듣고 유진이가 작다고 답했다면 재희는 이어서 어떤 수를 말했을까요?

1에서 재희가 '50쪽'을 말한 경우와 '51쪽'을 말한 경우로 나누어 생각해 봅시다.

경우 **1** 재희가 50쪽을 말한 경우

재희가 50쪽을 말했을 때 유진이는 작다고 답했으므로 50부터 100까지의 자료는 버리고 나머지 자료에서 가운데 수를 말합니다.

| 1 | 2 | 3 | … | 23 | 24 | 25 | 26 | 27 | … | 47 | 48 | 49 |

25쪽!

경우 **2** 재희가 51쪽을 말한 경우

재희가 51쪽을 말했을 때 유진이는 작다고 답했으므로 51부터 100까지의 자료는 버리고 나머지 자료에서 가운데 수를 말합니다.

| 1 | 2 | 3 | … | 23 | 24 | 25 | 26 | 27 | 28 | … | 48 | 49 | 50 |

25쪽! 또는 26쪽!

데이터 사이언티스트라고 들어 봤나요

인공지능이 발전하면서 옛날에는 없던 다양한 직업들이 생겨났어요. 그래서 새롭게 생겨난 직업 중 하나를 소개하려고 합니다. 바로 **데이터* 사이언티스트**라는 직업인데요, 이 직업은 세상에 있는 아주 많은 자료를 활용하는 직업이에요.

데이터 사이언티스트란?
데이터를 수집하고 분석해요.
그리고 데이터에 숨은 의미도 찾아내죠.
이를 바탕으로
사람들이 과학적이고 합리적인
결정을 할 수 있도록 도와줍니다.

데이터 사이언티스트는 많은 정보를 여러 방향에서 자세히 살펴본 후 그 정보들을 어디에 활용할 수 있을지 찾아내지요. 그런데 많은 정보를 이용하여 분석하려면 시간이 오래 걸릴 수밖에 없을 거예요. 이때 필요한 자료를 빠르게 찾는 방법! 바로 이진 탐색과 같은 알고리즘*이 필요하게 됩니다.

* **데이터** 컴퓨터가 처리할 수 있는 문자, 숫자, 소리, 그림 등의 형태로 된 자료
   알고리즘 문제 해결을 위해 입력된 자료를 토태로 출력을 유도하는 규칙의 절차

실제로 데이터 사이언티스트들은 이진 탐색을 그대로 사용하지는 않지만, 우리가 배운 이진 탐색과 비슷한 알고리즘을 활용한답니다. 사람이나 인공 지능 모두 자료가 점점 쌓이면서 예전보다 자료를 찾을 때 걸리는 시간을 줄이는 것이 매우 중요하게 됐기 때문이죠.

데이터(data) — 자료 **사이언티스트(scientist)** — 과학자

자료를 다루는 과학자라는 의미를 가진 데이터 사이언티스트!

어때요? 자료를 정리하고 분석하여 새로운 방향을 알려 주는 직업, 데이터 사이언티스트가 멋져 보이지 않나요?

교과서 수학으로 배우는 인공지능 2

1판 1쇄 인쇄 | 2022.11.9.
1판 1쇄 발행 | 2022.11.21.

글 박만구 김영현 최현정 정현웅 박성식

발행처 김영사 | **발행인** 고세규
개발총괄 이한진 | **개발** 이은지 문준필
디자인 조성륭 이혜진 김용남 | **마케팅** 이철주 | **홍보** 박은경 조은우
등록번호 제406-2003-036호 | **등록일자** 1979.5.17.
주소 경기도 파주시 문발로 197 (우 10881)
전화 마케팅부 031-955-3129 | 편집부 031-955-3172 | 팩스 031-955-3111

값은 표지에 있습니다.
ISBN 978-89-349-4876-6   73500

좋은 독자가 좋은 책을 만듭니다. 김영사는 독자 여러분의 의견에 항상 귀 기울이고 있습니다.
전자우편 book@gimmyoung.com | 홈페이지 www.gimmyoungjr.com

어린이제품 안전특별법에 의한 표시사항

제품명 도서   **제조년월일** 2022년 11월 21일   **제조사명** 김영사   **주소** 10881 경기도 파주시 문발로 197
전화번호 031-955-3129   **제조국명** 대한민국   ⚠ 주의 책 모서리에 찍히거나 책장에 베이지 않게 조심하세요.

세상의 변화를 이끌어 가고 있는 핵심 기술,

인공지능!

인공지능의 작동 원리는 수학이다.

★ 교실 속에서 배운 수학으로

인공지능은 쉽게! 수학은 흥미롭게!

미래 사회를 움직일 수 있다면?

정가 15,000원

ISBN 978-89-349-4876-6

KC마크는 이 제품이 공통안전기준에 적합하였음을 의미합니다.

핵심주제 인공지능, 수학